reinhardt

erleben & lernen

Band 18

Herausgegeben von

Prof. em. Dr. Michael Jagenlauf, Helmut-Schmidt-Universität, Hamburg

Prof. Dr. Werner Michl, Georg-Simon-Ohm-Fachhochschule, Nürnberg

Dipl. Soz.päd. Holger Seidel, M.S.M., Ostfalia Hochschule für angewandte Wissenschaften, Braunschweig/Wolfenbüttel

Jens Schreyer

Outdoortraining für Gesundheitsförderung und Persönlichkeitsentwicklung

Praxisbuch mit 51 Übungen

Mit einem Geleitwort von Daniela Blickhan

Mit 58 Abbildungen und 10 Tabellen

Ernst Reinhardt Verlag München Basel

Jens Schreyer, Dipl.-Sozialpädagoge, Erlebnispädagoge (GFE), Outdoortrainer (GFE), NLP-Lehrtrainer und Master Coach (DVNLP), Systemischer Coach (Inntal Institut), Lehrcoach (DCV), Trainer Positive Psychologie (DACH PP), ist an der Ostfalia Hochschule für angewandte Wissenschaften (Braunschweig) und am Inntal Institut für Positive Psychologie und NLP sowie als freier Trainer tätig.

Bibliografische Information der Deutschen Nationalbibliothek

Die Deutsche Nationalbibliothek verzeichnet diese Publikation in der Deutschen Nationalbibliografie; detaillierte bibliografische Daten sind im Internet über <http://dnb.d-nb.de> abrufbar.

ISBN 978-3-497-02676-0 (Print)
ISBN 978-3-497-60386-2 (PDF)

Printed in Germany
Cover unter Verwendung von Fotos von © iStock.com / RuslanDashinsky
Satz: FELSBERG Satz & Layout, Göttingen

Ernst Reinhardt Verlag, Kemnatenstr. 46, D-80639 München
Net: www.reinhardt-verlag.de E-Mail: info@reinhardt-verlag.de

Inhalt

Übersicht der Übungen für die Teilnehmer

Übersicht der Übungen für den Trainer

Geleitwort

Was lässt uns wachsen und „aufblühen"? Wie können wir unsere Stärken nutzen und unser Potenzial entfalten? Diese Fragen erforscht die Positive Psychologie. Als *Wissenschaft vom gelingenden Leben* zeigt sie wirksame Wege zu mehr Wohlbefinden, Lebenszufriedenheit und Glück; so können Menschen ihre Stärken nutzen, um glücklich und erfolgreich zu sein, tragfähige Beziehungen zu gestalten, Lebensfreude zu spüren und Sinn im Leben zu finden. Und das kann langfristig vor Burnout schützen.

Was verbindet Outdoortraining mit Positiver Psychologie? Ihre gemeinsame Zielrichtung, denn gelungene Outdoortrainings unterstützen Menschen dabei, Erfolgserlebnisse zu spüren, die sie nachhaltig glücklich machen. Sie vermitteln auf ganz direkte Weise die Bedeutung guter Beziehungen und konstruktiver Kommunikation. Und sie helfen dabei, die eigenen Stärken neu zu entdecken und persönlich zu wachsen. Jens Schreyer ist es zu verdanken, dass er diese Verbindung aufzeigt und hier für Trainer und Praktiker im Outdoorbereich verfügbar macht. Sein Buch beschreibt kurz und prägnant wesentliche Konzepte und Modelle der Positiven Psychologie, die den vorgestellten Übungen Tiefe verleihen und persönliche Wachstumsprozesse unterstützen können. Er stellt darin eigene, innovative Übungen vor, die auf spielerische Weise neue Erfahrungsräume öffnen. Zu nennen sind hier zum Beispiel die *Micro Adventures*, kleine Abenteuer vor der Haustür, die die Lebensqualität unterstützen, oder die *Flourish-Life-Map*, die ganz praktisch zeigt, wie und wo es sich im persönlichen Umfeld „aufblühen" lässt.

Es gelingt Jens Schreyer, umfassende Konzepte der Positiven Psychologie so aufzubereiten, dass sie neugierig machen – und vor allem auch ohne Vorkenntnisse leicht verständlich sind. Er schlägt die Brücke von psychologischen Konzepten zu ihrer klar dargestellten Praxisanwendung. Gelungenes Outdoortraining umfasst weit mehr als nur „ein paar Übungen im Gelände"; entscheidend für Erkenntnis und Transfer der Teilnehmenden ist die anschließende Auswertungsphase. Und wenn es dem Trainer gelingt, den Teilnehmenden dabei die Hintergründe der Übung so nahezubringen, dass sie ihre persönliche Erfahrung mit den zugrundeliegenden Konzepten verbinden können, dann lernen die Teilnehmenden mit Herz, Hand und Kopf. Sie gewinnen also nicht nur neue emotionale Erfahrung, die sie persönlich wachsen lässt, sondern gehen auch mit einem Erkenntnisgewinn aus der Übung.

Die Positive Psychologie stößt im deutschsprachigen Raum seit Jahren auf wachsendes Interesse. Ihre Anwendung in Coaching und Psychotherapie erscheint nur folgerichtig, und für ihre Wirksamkeit in diesen Feldern liegen zahlreiche Nachweise vor. Ihre Anwendung in der Pädagogik wächst und gedeiht, beginnend beim „Schulfach Glück", das durch Ernst Fritz-Schubert aus Heidelberg bekannt wurde, und fortgesetzt in zahlreichen kleinen und großen Projekten an Modellschulen und Hochschulen. Auch im Businessbereich werden die Konzepte und Methoden der Positiven Psychologie mehr und mehr eingesetzt, um Resilienz und Potenzialentfaltung von Mitarbeitern und Führungskräften zu unterstützen. In all diesen Feldern kann Outdoortraining eine wirksame Unterstützung bei Lern- und Entwicklungsprozessen sein, umso mehr, je mehr es auf Grundlagen gelingender menschlicher Entwicklung Bezug nimmt. Die Verbindung von Outdoortraining und Positiver Psychologie für Gesundheitsförderung und Persönlichkeitsentwicklung scheint also eine ideale Kombination, und ich wünsche Jens Schreyer, dass sein Buch bald im Bücherregal jedes Outdoor-Profis steht!

Daniela Blickhan
August 2016

Einleitung

Als in den 1930er Jahren Kurt Hahn die Erlebnistherapie entwickelte, ging es ihm um die Entwicklung von Persönlichkeiten. Er war davon überzeugt, dass Erlebnisse charakterbildend seien. So wurde das Erlebnis zum zentralen Element der Erlebnistherapie (Paffrath 2013). Die Erlebnispädagogik und das Outdoortraining als Nachfolger der Erlebnistherapie stehen in dieser Denktradition. Die wissenschaftliche Diskussion der 1980er und 1990er Jahre, ob eine Pädagogik auf einem solch fragilen, weil höchst individuellen und nicht planbaren, psychischen Phänomen wie dem Erlebnis wirksam bauen kann, sind vorbei. Erlebnispädagogik und Outdoortraining stehen nicht mehr zur Diskussion, sondern sind feste methodische Bestandteile der Pädagogik und Erwachsenenbildung geworden. Nicht nur die Praxis hat diese akademische Diskussion überholt. Auch die Psychologie hat in den letzten Jahren wichtige neue Erkenntnisse hervorgebracht, wie Erlebnisse die Persönlichkeitsentwicklung unterstützen. In diesen Forschungsarbeiten geht es nicht explizit um das Erlebnis an sich, aber um das, was eine Erfahrung zu einem Erlebnis macht – die Emotionen (Fredrickson 2009). Das Buch wird diese und andere Erkenntnisse der Positiven Psychologie aufgreifen und den Schwerpunkt auf Persönlichkeitsentwicklung und Gesundheitsförderung im Outdoortraining legen.

Erlebnispädagogische Angebote und Outdoortrainings haben sich seit Ende des 20. Jahrhunderts erheblich ausdifferenziert und professionalisiert. In der Praxis liegt der Schwerpunkt allerdings weiterhin im Bereich des Trainings von sozialen Kompetenzen und der Entwicklung von Teamfähigkeit. Angebote mit dem Fokus der Persönlichkeitsentwicklung sowie Gesundheitsförderung sind, wenn überhaupt, nur am Rande vertreten. Im weitesten Sinne kann hierunter Führungskräfteentwicklung gefasst werden, bei der Menschen explizit in ihrer Rolle und Persönlichkeit als Führungskraft gefördert und begleitet werden. Im engeren Sinne zählen Ansätze aus der narrativen systemischen Erlebnispädagogik dazu (Thomas/Habiba-Kreszmeier 2007) oder auch Ansätze aus der modernen Erlebnistherapie (Gilsdorf 2004).

Bisher kaum oder gar nicht vorhanden sind Angebote, die sich mit Persönlichkeitsentwicklung beschäftigen, in denen es um persönliches Wachstum, Wohlbefinden, psychische Gesundheit und das gelingende Leben insgesamt geht. Schaut man sich Forschungen an, die im weitesten Sinne dem Thema Persönlichkeitsentwicklung zugeordnet werden können, so sind erstaunliche Parallelen mit der Erlebnispädagogik und dem Outdoortraining festzustellen. Die Kernelemente der Erlebnispädagogik und des Outdoortrainings, Natur, Bewegung, Emotionen und soziale Interaktion, sind auch Grundbedingungen für persönliches Wachstum und psychische Gesundheit. Es liegt also nahe, sich den Themen Persönlichkeitsentwicklung und Gesundheit zu widmen. Dies gilt umso mehr, da Menschen aus vielfältigen Motiven und Absichten die Natur aufsuchen: um für sich zu sorgen, zu wachsen, weiser zu werden sowie ihre Gesundheit zu fördern, Abstand vom Alltag zu gewinnen oder neue Sichtweisen zu entdecken. Sie treiben Sport, suchen die Stille und Abgeschiedenheit faszinierender Orte auf, um sich zu erholen, auszuspannen oder zu entschleunigen. Sie sammeln Kräfte, wollen sich vom Alltag ablenken, um auf andere Gedanken zu kommen und neue Sichtweisen zu entdecken. Auf längeren Pilgerreisen suchen sie nach dem Sinn in ihrem Leben oder intensive Naturbegegnungen, um Bilanz zu ziehen und neue Impulse für ihr Leben zu erhalten.

Das vorliegende Buch ist ein erster Schritt, die Themen Persönlichkeitsentwicklung und Gesundheit in die Praxis der Erlebnispädagogik und des Outdoortrainings zu bringen. Befasst man sich mit dem Thema Persönlichkeitsentwicklung, kommt man unweigerlich zu der Frage, wohin sich Persönlichkeiten eigentlich entwickeln sollen. Geht man dieser Frage nach, stellt man schnell fest, dass Persönlichkeitsentwicklung und psychische Gesundheit eng miteinander verbunden sind.

Die praktische Arbeit mit den Themen Persönlichkeitsentwicklung und Gesundheitsförderung unterscheidet sich von klassischen Angeboten, die Gruppe und Gruppendynamik in den Vordergrund stellen. Der Ansatz dieses Buches ist es, individuelle Prozesse mit einzelnen Teilnehmern in den Fokus zu nehmen. Das setzt ein anderes Verständnis von Training voraus. So sind die Anforderungen an den Trainer und an den Trainingsprozess eher mit denen eines Coachings als mit denen eines klassischen Trainings vergleichbar. Im Zentrum der Aufmerksamkeit stehen die einzelnen Teilnehmer und ihre individuellen Ziele, Prozesse und Entwicklungsschritte. Sich mit den Themen auf diese Art und Weise zu beschäftigen, beinhaltet ein hohes Maß an Verantwortung. Daher verfolgt das Buch im Wesentlichen drei Intentionen:

1. Das Buch will die *Theorie in die Praxis bringen*. Es werden zahlreiche *Übungen*, *Anwendungsbeispiele*, *Tipps* und *praktische Anregungen* zu den Themen Persönlichkeitsentwicklung und Gesundheit vorgestellt. Der Charakter der Übungen unterscheidet sich in vielen Aspekten von klassischen erlebnispädagogischen Gruppenübungen, denn viele der Übungen sind Einzel- oder Zweierübungen. Die praktischen Übungen sind sehr gut mit klassischen Outdoorelementen kombinierbar. Die Übungen können möglicherweise zunächst ungewöhnlich wirken, die

Prozesse, die daraus entstehen, sind aber besonders spannend. Die einzelnen Übungen finden sie in diesem Buch immer unmittelbar im Text, damit bekommen sie einen direkten Bezug zur vorangegangenen Theorie.

2. Das Buch will *Praxis aus der Theorie entwickeln.* In jedem Kapitel gibt es *Hintergrundinformationen* zu den vorgestellten Themen. Fast alle *Konzepte* und *Modelle* stammen aus einem neuen Feld der angewandten Psychologie, der *Positiven Psychologie.* Die Positive Psychologie versteht sich als die „Wissenschaft des gelingenden Lebens" und hat sich die Aufgabe gestellt, *abgesicherte wissenschaftliche Theorien* und Modelle zu entwickeln und diese für die Praxis anwendbar zu machen. Gleiches gilt für die *Gesundheitspsychologie*, die den Erhalt und die Förderung von Gesundheit in den Mittelpunkt ihrer Forschung stellt. Diese Aspekte sind von großer Bedeutung, will man sich mit der Kombination Persönlichkeitsentwicklung, Gesundheit und Natur von bloßen Selbsthilfegruppen und anderen, teils esoterisch anmutenden Praktiken unterscheiden.
3. Das Buch will *ermuntern.* In jedem Kapitel werden nicht nur praktische Übungen und Modelle vorgestellt, sondern auch *Literaturhinweise* zur Vertiefung der Inhalte. Zudem zeigt das letzte Kapitel Möglichkeiten, wie die Inhalte des Buches genutzt werden können, um als *Trainerpersönlichkeit* weiter zu wachsen und kreativ weitere Angebote und Übungen zu entwickeln.

Um die Orientierung zu erleichtern, hier ein kurzer Überblick über die Themen und Kapitel: Zunächst werden die Themen *Persönlichkeitsentwicklung* und *Gesundheit* definiert. Es wird geklärt, inwieweit diese beiden Themenfelder aus Sicht der *Positiven Psychologie* und der *Gesundheitspsychologie* miteinander zusammenhängen. Das *Flourishing-Konzept* (Keyes 2002) bildet die inhaltliche Klammer der Themen Gesundheit und Persönlichkeitsentwicklung im Outdoortraining (Kap. 1). In Kapitel 2 werden die Grenzen und Möglichkeiten von Outdoortrainings in der Persönlichkeitsentwicklung und Gesundheitsförderung beleuchtet sowie einige Überlegungen zum methodischen und didaktischen Handeln vorgestellt. Für zwei zentrale Themenfelder der Positiven Psychologie, *Emotionen* und *Stärken,* die zum persönlichen Wachstum beitragen, werden in Kapitel 3 und Kapitel 4 *empirische Forschungen* vorgestellt und daraus *Praxisanwendungen* für Outdoortrainings abgeleitet. Die Wirkung von *Natur* als spezifischer Lern- und Lehrort wird in Kapitel 5 in Bezug auf *Erholung* und *Stressbewältigung* betrachtet. Es wird deutlich, dass Natur per se schon eine Wirkung auf die menschliche Psyche hat. Diese Effekte können noch zusätzlich mit *Achtsamkeitsmeditation* und dem Phänomen des *Flow-Erlebens* verstärkt werden (Kap. 6). In Kapitel 7 wird der Blick auf Metaphern und Symbole aus der Natur geworfen, um an den Themen *Work-Life-Balance* und *Ziele* zu arbeiten. Es wird deutlich, dass Gesundheit und persönliche Entwicklung in vielen Lebensbereichen eine Rolle spielen. Dem Arbeitskontext kommt dabei eine wesentliche Bedeutung zu. Der Ansatz des *Positive Leadership* von Kim Cameron (2013) setzt sich mit Flourishing und Führung auseinander. In ihm werden Faktoren benannt, die eine Wirkung auf Gesundheit und persönliches Wachstum von Mitarbeitern haben (Kap. 8). Kapitel 9 stellt zwei Methoden vor, die eher Projektcharakter haben, weil sie über einen längeren Zeitraum hinweg durchgeführt werden. *Micro Adventures* sind kleine Abenteuer vor der Haustür mit dem Ziel, für mehr Lebensqualität zu sorgen. Die *Flourish-Life-Map* bündelt schließlich die unterschiedlichen Aktivitäten und Übungen aus diesem Buch. In Kapitel 10 werden *Praxisbeispiele* vorgestellt, die die Kreativität für die eigene Praxis fördern und Anregungen geben, die Inhalte anzuwenden. In den letzten beiden Kapiteln steht der Transfer im Mittelpunkt. In Kapitel 11 geht es um die Frage: Wie kann ein Transfer gut gestaltet werden, damit auch in kurzen Outdoortrainings mögliche Veränderungsimpulse umgesetzt werden? Dabei ist vor allem zu berücksichtigen, wie *Gewohnheitsbildung* funktioniert und welchen Einfluss unterstützende *Überzeugungen* auf die persönliche Entwicklung haben. Kapitel 12 schließt mit praktischen Übungen für Trainer ab, damit sie Übungen selber anwenden und für sich zur persönlichen Weiterentwicklung nutzen können.

Abschließend möchte ich noch auf folgende Punkte hinweisen:

1. Ich werde im Folgenden auf die Doppelung Erlebnispädagogik/Outdoortraining verzichten. Erlebnispädagogik wird hier als Methode verstanden. Die Begriffe Erlebnispädagogik und Outdoortraining sind lediglich eine zielgruppenspezifische Ansprache. Da dieses Buch auf die Zielgruppe Erwachsene ausgerichtet ist, spreche ich im Folgenden von Outdoortraining.
2. Ich gehe davon aus, dass Menschen, die im Rahmen eines Trainings Outdoorelemente anwenden, über das nötige Know-how im Bereich Sicherheits- und Risikomanagement verfügen und sensibel sind für die psychische, physische, soziale und materielle Sicherheit der Teilnehmer. Daher werde ich nicht explizit auf Sicherheitsaspekte hinweisen, sondern diese voraussetzen.
3. Im Buch wird die männliche Schreibweise verwendet. Diese hat einzig zum Ziel, die Lesbarkeit zu erhöhen. Ich bitte dies nachzusehen und hoffe auf das Verständnis der Leserinnen und Leser.

1 Persönlichkeitsentwicklung, Gesundheit und Outdoortraining – Eine Einführung

Persönlichkeit entwickelt und verändert sich über das ganze Leben hinweg. Kerngedanke der Persönlichkeitsentwicklung in diesem Buch ist die Grundannahme der *humanistischen Psychologie* nach Rogers, wonach Menschen sich ständig *selbstaktualisieren* und *wachsen*. Das Ideal, wie Rogers es nennt, die „fully functioning person“, ist eine Persönlichkeit, die sich selbst akzeptiert, die Gefühle reichhaltig wahrnehmen und erleben kann, die Klarheit über ihre Ziele, Werte und Bedürfnisse sowie Vertrauen in die eigenen Kompetenzen hat (Rogers 1991).

Die nachfolgenden Kapitel zeigen Modelle, die jeweils unterschiedliche Aspekte von Persönlichkeitsentwicklung in den Vordergrund stellen. Alle haben gemein, dass ihre Erkenntnisse auf wissenschaftlichen Forschungen basieren und einem neuen Zweig der angewandten Psychologie, der *Positiven Psychologie* entstammen.

> „Positive Psychologie ist wissenschaftliche Forschung zu optimaler menschlicher Leistungsfähigkeit. Positive Psychologie hat das Ziel, Faktoren zu entdecken und zu stützen, die Einzelnen und Gemeinschaften dabei helfen aufzublühen [...]. Die Positive Psychologie beinhaltet eine Verpflichtung für wissenschaftlich arbeitende Psychologen, ihre Aufmerksamkeit auf die Quellen psychischer Gesundheit zu richten und damit über bisherige Betonungen von Krankheit und Störungen hinauszugehen“ (Blickhan 2015, 23).

Die *Positive Psychologie* untersucht, was das Leben lebenswert macht. Sie erforscht Faktoren, die zu einem zufriedenen, glücklichen und gesunden Leben führen. Ein zentrales Modell der *Positiven Psychologie* ist das Flourishing-Konzept des Psychologen und Soziologen Keyes, welches die inhaltliche Klammer der Persönlichkeitsentwicklung und Gesundheitsförderung in diesem Buch bildet (Keyes 2002). Flourishing heißt übersetzt *„Aufblühen“* und bedeutet im weitesten Sinne, dass Menschen Wohlbefinden erleben, eine positive Grundhaltung im Leben entwickeln und positive soziale Beziehungen erleben.

In seinem *Doppel-Kontinuum der geistigen Gesundheit* (Abb. 1) beschreibt Keyes anschaulich, was Flourishing bedeutet und welche Faktoren zu Flourishing führen. In dem empirisch untersuchten Modell wird die

Dimension *Krank- vs. Gesund-Sein* durch eine zweite Dimension *Aufblühen* (Flourishing) *vs. Verkümmern* (Languishing) erweitert (Keyes 2002).

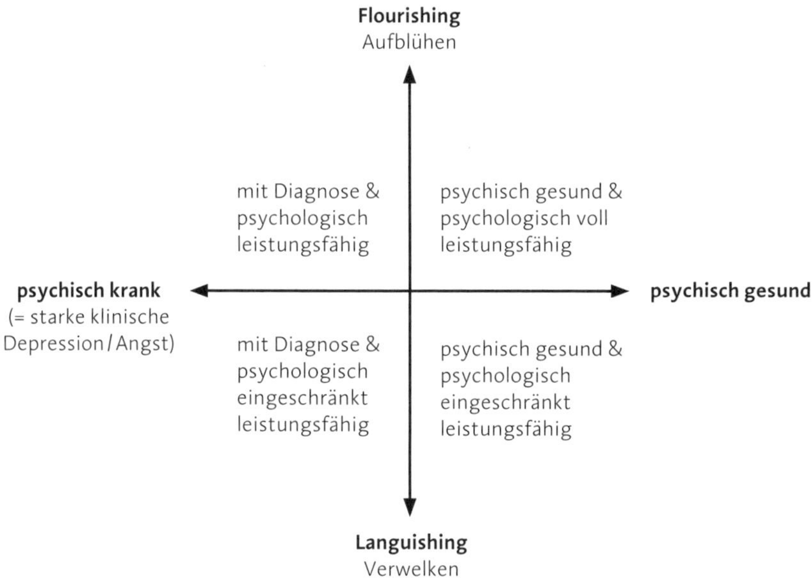

Abb. 1: Doppel-Kontinuum der psychischen Gesundheit (Keyes 2002 und Blickhan 2015)

Mit „be functioning well psychologically and socially" umfasst *Flourishing* nach Keyes (2002, 210) ein hohes Maß an *Wohlbefinden* und *positiven Emotionen* sowie eine *psychische und soziale Leistungsfähigkeit. Languishing* definiert er als Leere, Stagnation und ein Leben in stiller Verzweiflung, bei der geringe psychische Leistungsfähigkeit vorliegt. Nach Keyes ist der optimale Zustand, *psychisch gesund und voll leistungsfähig* zu sein.

In einer in den USA durchgeführten Studie fand er heraus, dass nur etwa 17 % der Erwachsenen dieses optimale Level erreichen. Ca. 60 % der Untersuchten waren weder aufgeblüht noch verkümmert, 12 % waren zwar psychisch gesund, aber verkümmert und bei 16 % wurden Verkümmerung und eine psychische Erkrankung (Depression oder Angststörung) festgestellt (Keyes 2002).

Zusammengefasst bedeutet das: Nicht jeder Mensch, der psychisch gesund ist, führt automatisch ein glückliches und zufriedenes Leben, und nicht jeder, der psychisch oder chronisch krank ist, führt ein unglückliches Leben. Daher: *Flourishing* kann Menschen mit psychischen Erkrankungen, wie Depression oder Angststörungen, nicht nur bei der Gesundung unterstützen, sondern darüber hinaus auch zu einem erfüllteren Leben bei psychisch Gesunden beitragen. In seiner Studie benennt Keyes drei Faktoren, die zum *Flourishing* gehören:

- **Subjektives Wohlbefinden:** Dies versteht er als *Grad der Lebenszufriedenheit* und das Verhältnis von positiven zu negativen Gefühlen. Wer zufrieden ist mit seinem Leben und insgesamt mehr positive als negative Gefühle erlebt, dessen subjektives Wohlbefinden ist hoch.
- **Psychisches Wohlbefinden:** Es beschreibt das individuelle Erleben von Selbstakzeptanz, positiven Beziehungen, Autonomie und Selbstbestimmung, Sinn im Leben sowie das Erleben von Selbstwirksamkeit.
- **Soziales Wohlbefinden:** Dies meint soziale Akzeptanz und Wachstum, soziale Integration sowie das Erleben von Zusammenhalt und das Leisten eines sozialen Beitrages in der Gesellschaft (Keyes 2002; Blickhan 2015).

1.1 Persönlichkeitsentwicklung und Gesundheit

In ähnlicher Weise wie die Positive Psychologie beschreibt die *Gesundheitspsychologie* Gesundheit. Wie eng Persönlichkeitsentwicklung und Gesundheit miteinander verbunden sind, zeigt schon die Definition von Gesundheit der Weltgesundheitsorganisation (WHO) von 1948:

> „Gesundheit ist der Zustand vollkommenen körperlichen, geistigen und sozialen Wohlbefindens und nicht nur das Freisein von Krankheit und Gebrechen […]" (WHO 1948).

In dieser Definition wird deutlich, dass Gesundheit nicht die Abwesenheit von Krankheiten ist, sondern ein dynamischer Prozess, in dem körperliche, soziale und psychische Faktoren sich gegenseitig bedingen. Nach diesem Verständnis stehen „gesund leben" und Wohlbefinden in einem engen Zusammenhang. Es wird auch deutlich, dass neben den physischen und psychischen Faktoren ebenfalls die soziale Eingebundenheit eine wichtige Rolle spielt. Gesundheit ist also mehr als eine Frage des richtigen Essens, der ausreichenden Bewegung oder des korrekten Sitzens. D. h., sie ist ein komplexes Zusammenspiel verschiedener Faktoren. Zu diesem Verständnis zählt auch die Annahme, dass der Umgang mit Krankheiten oder Lebenskrisen leichter fällt, je mehr psychisches und soziales Wohlbefinden erlebt werden (Brinkmann 2014). 2004 fasste die WHO diesen Gedanken in dem Begriff der *psychischen Gesundheit* neu:

> „Psychische Gesundheit ist ein Zustand des Wohlbefindens, in dem der Einzelne seine eigenen Fähigkeiten ausschöpft, die normalen Lebensbelastungen bewältigen, produktiv und fruchtbar arbeiten kann und in der Lage ist, einen Beitrag zu seiner oder ihrer Gemeinschaft zu leisten" (WHO 2004, 12, Übersetzung des Autors).

Der Medizinsoziologe Antonovsky geht davon aus, dass *Gesundheit ein Gleichgewicht* ist, welches immer wieder hergestellt werden muss. Auch er beschreibt, dass sich Menschen zwischen den zwei Polen *gesund* und *krank* befinden, wobei sie sich immer mehr in Richtung Krankheit bewegen (*Pathogenese*). Den Prozess des aktiven Herstellens von Gesundheit nennt Antonovsky *Salutogenese.* In seinem Konzept geht er davon aus, dass Menschen im Leben verschiedenen Stressoren ausgesetzt sind, welche unter bestimmten Umständen „krank machen, neutral sind oder gesund erhalten" können (Blickhan 2015, 36). Wie die Stressoren wirken, hängt von der Einstellung ab, die Menschen zum eigenen Leben haben. Die wichtigsten drei Faktoren, die vor Krankheit schützen, nennt Antonovsky *Kohärenzsinne.* Diese sind *Verstehbarkeit*, *Handhabbarkeit* und *Sinnhaftigkeit des eigenen Lebens* (Antonovsky/Franke 1997).

Persönlichkeitsentwicklung und psychische Gesundheit hängen also eng miteinander zusammen, weil ähnliche Faktoren zur Förderung identifiziert werden können. Subjektives Wohlbefinden, das Erleben von positiven Emotionen sowie von Selbstwirksamkeit und Handlungsfähigkeit, die Bedeutung der Sinnhaftigkeit des Tuns und die Wirkung der sozialen Eingebundenheit durch das Erleben positiver Beziehungen sind dabei wesentliche Faktoren.

1.2 Persönlichkeitsentwicklung und Resilienz

Im Zusammenhang mit psychischer Gesundheit fällt auch immer wieder der Begriff *Resilienz*. Obwohl dies ein häufig genutzter Begriff ist, existiert keine allgemeingültige Definition. Grundsätzlich wird aber unter Resilienz die *Widerstandsfähigkeit gegenüber Krisen* (Blickhan 2015) verstanden.

> „Mit Resilienz wird die innere Stärke eines Menschen bezeichnet, persönliche Lebenskrisen wie zum Beispiel schwere Krankheiten, lange Arbeitslosigkeit oder den Verlust von nahestehenden Personen ohne anhaltende Beeinträchtigung durchzustehen" (Blickhan 2015, 48).

Resilienz wird im Laufe des Lebens erlernt. Die Forschung nennt verschieden Faktoren, die Resilienz fördern. Hierzu zählen u. a.:

- **Personale Faktoren:** Ein wesentlicher Faktor für Resilienz ist das Erleben einer tragfähigen und *verlässlichen Bindung* in der Kindheit. Dabei reicht es durchaus aus, eine verlässliche Bezugsperson im Leben gehabt zu haben, die das Gefühl von *Sicherheit* und *Geborgenheit* vermittelt hat. Ob diese in der Familie, einer Gemeinschaft oder in der Schule erlebt wurde, ist dabei zweitrangig (Werner 1992).
- **Kognitive Faktoren:** Menschen die *optimistisch* in die Zukunft schauen, die in der Lage sind, in Problemsituationen *Alternativen* im Leben zu entwickeln und diese Lösungen auch umzusetzen, sind in der Regel widerstandsfähiger als Menschen, die sich als Opfer der Umstände sehen und aus dieser Selbstzuschreibung nicht herauskommen (Reivich/Shatté 2002; Kap. 6.1).
- **Emotionale Faktoren:** *Positive Emotionen* wahrnehmen zu können, wirkt sich ebenfalls förderlich auf die Widerstandsfähigkeit aus. Gleiches gilt für die Kompetenz, in Krisen Emotionen regulieren zu können, um somit handlungsfähig zu bleiben. Der Glauben an die eigene *Selbstwirksamkeit* sowie das Entwickeln einer *Toleranz gegenüber Ungewissheit* bauen ebenfalls Resilienz auf (Fredrickson 2001; Kap. 3).

Persönlichkeitsentwicklung im Sinne des Flourishing mit dem Blick auf Emotionen, Selbstwirksamkeit und Beziehungen führt also nicht nur zum gelingenden zufriedenen Leben, sondern fördert gleichzeitig auch psychische Gesundheit und macht stark und widerstandsfähig gegenüber Lebenskrisen. Die Positive Psychologie weist dabei explizit darauf hin, dass zu einem gesunden Leben das Erleben und Bewältigen von Krisen sowie das Erleben und Verarbeiten von positiven und negativen Emotionen gehören (Kashdan/Biswas-Diener 2014; Fredrickson 2001).

1.3 Persönlichkeitsentwicklung und Motivation

Wie Persönlichkeitsentwicklung und Motivation miteinander zusammenhängen, beschreiben die beiden Psychologen Deci und Ryan (Deci/Ryan 2008; 2004; 2002) in ihrer *Selbstbestimmungstheorie* (Self Determination Theory, SDT). Für Deci und Ryan wird menschliches Verhalten durch die drei psychologischen Grundbedürfnisse *Autonomie*, *Kompetenz* und *Bindung* gespeist und ist prinzipiell intrinsisch motiviert.

- **Autonomie:** Autonomie beschreibt das Bedürfnis, selbstbestimmt zu handeln und zu entscheiden. Dabei ist es entscheidend, dass zwischen verschiedenen Möglichkeiten freiwillig gewählt werden kann und die Wahl anhand der eigenen Werte ausgerichtet wird. Autonome Entscheidungen berücksichtigen dabei auch immer die Umwelt und damit andere Menschen und die speziellen Lebensphasen. Daher kann die Entscheidung, einen unbefriedigenden Job weiter zu machen, weil er für die Familiensituation gut ist, sehr wohl eine autonome Entscheidung sein, obwohl andere Optionen zur Verfügung stünden.

- **Kompetenz:** Kompetenz beschreibt das Bedürfnisse nach Vertrauen in das eigene Können und die damit einhergehende Selbstwirksamkeit. Menschen, die dieses psychologische Grundbedürfnis befriedigen, erleben sich selber als wirksam, auch wenn nicht immer das gewünscht Ergebnis erzielt wird.
- **Bindung:** Dieses Grundbedürfnis zielt auf Zugehörigkeit ab. Es geht darum, mit anderen Menschen in Kontakt zu sein, Vertrauen und Fürsorge zu erleben.

Für Deci und Ryan sind die psychologischen Grundbedürfnisse *wachstumsorientierte Bedürfnisse*, die jeder Mensch kulturübergreifend besitzt. Sie werden als universelle menschliche Eigenschaften gesehen, die persönliche Entwicklung und Wachstum fördern. Bedürfnisse wie *Sicherheit* oder Grundbedürfnisse wie *Nahrung, Wärme oder Wasser* sind hingegen *defizitorientierte Bedürfnisse*, die nur aktiviert werden, wenn es einen Mangel oder eine Bedrohung gibt.

Deci und Ryan verbinden das Konzept der psychologischen Grundbedürfnisse mit *Motivation*. Werden die psychologischen Grundbedürfnisse vollkommen befriedigt, findet *intrinsisch motiviertes Handeln, also von innen heraus kommendes Tun* statt. Je höher dabei der Grad der Befriedigung ist, desto mehr verschiebt sich die Motivation von extrinsisch („Ich muss ...“) über identifiziert („Ich will ...“) zu intrinsisch („Ich tue ...“). Diesen Prozess nennen sie *psychische Reifung*. Er geht einher mit dem Setzen und Erreichen von persönlich wichtigen Zielen und führt zu persönlichem Wohlbefinden und optimaler Entwicklung, die als *Selbstbestimmung* erlebt wird (Deci/Ryan 2008, 2004, 2002; Blickhan 2015).

1.4 Gesundheit und Bewegung

Neben der psychischen Gesundheit kann ein Outdoortraining auch einen Beitrag zur *physischen Gesundheit* leisten. Eine große Stärke des Outdoortrainings ist es, Menschen nicht nur innerlich, sondern auch äußerlich in *Bewegung* zu bringen. Das geschieht in der Regel fast schon nebenbei, weil Bewegung in Outdoorprogrammen Bestandteil der Methodik ist. Dass Bewegung der Gesundheit gut tut, ist hinlänglich bekannt, jedoch bestätigen Studien immer wieder, dass sich viele Menschen zu wenig bewegen (Zägelein 2013; Techniker Krankenkasse 2016).

Durch die Tatsache, dass es in Outdoortrainings nicht explizit um Bewegung geht, hebt es sich von klassischen Sportangeboten ab. Zahlreiche Kurse etwa im Rahmen des betrieblichen Gesundheitsmanagements oder des Vereinssports stellen unterschiedliche Arten der Bewegungen in den Mittelpunkt. Diese reichen von Yoga-Kursen über Rückenschulungen bis hin zu Betriebssportangeboten.

Durch das Selbstverständnis, Natur und Natursportarten nicht als Selbstzweck, sondern als *Medium* zum Transport von *Lerninhalten* zu nutzen, unterstützen bewegende Lernszenarien im Outdoortraining auch Persönlichkeitsentwicklung und Lernen. Sie fördern kognitive Fähigkeiten wie Kreativität und Lösungskompetenz und wirken sich gleichzeitig auch auf die Emotionen aus, weil positive Gefühle hervorgerufen werden oder Selbstwirksamkeit erlebt wird (Leven/Schreyer 2010).

Zum Tragen kommt im Outdoortraining vor allem die Kompetenz, Lerninhalte nicht nur zu *vermitteln*, sondern sie zu *reflektieren* und in den Alltag der Teilnehmer zu *transferieren*. Die große Chance hierbei ist, Bewegung eine andere Zuschreibung zu geben. Anstatt moralisch zu sagen, „Du musst dich bewegen, damit du gesund bleibst“, kann mit den hier vorgestellten Konzepten und Modellen der persönliche Sinn in den Vordergrund gestellt werden: „Um *positive Emotionen*, *Achtsamkeit* oder *Stärken* zu entwickeln, kannst du dich bewegen.“ Dieser Mechanismus funktioniert, wenn er gut integriert ist, ähnlich wie beim Geocaching. Der Sinn ist die Schatzsuche, das Nebenprodukt ist Bewegung. Bewegung wird also zum Medium für etwas, das stärker an das individuelle Werte- und Sinnsystem angebunden ist.

Blickhan, D. (2015): Positive Psychologie. Ein Handbuch für die Praxis. Junfermann, Paderborn

Brinkmann, R. (2014): Angewandte Gesundheitspsychologie. Pearson Studium, Hallbergmoos

2 Gesundheit im Outdoortraining – Möglichkeiten, Grenzen und Umsetzung

Wenn im Outdoortraining Gesundheit, Wohlbefinden und das gelingende Leben in den Fokus genommen werden sollen, braucht es einen besonderen Blick und einige Überlegungen zu bekannten Modellen der Erlebnispädagogik:

1. **Mut zur Komfortzone:** Die Komfortzone ist geprägt von Alltagsroutinen im Denken, Fühlen und Handeln. Der Ansatz der klassischen erlebnispädagogischen Methode ist es, Menschen aus der Komfortzone in die Lernzone zu führen. Neue Erfahrungen, die dort gemacht werden, erweitern die Komfortzone.

   Bei Persönlichkeitsentwicklung und Gesundheitsförderung liegt der Schwerpunkt darauf, sich die unbewussten Alltagsroutinen der Komfortzone bewusst zu machen. Es geht also um die Erkundung der Denk-, Fühl- und Handlungsmuster, die Wohlbefinden, Zufriedenheit und Gesundheit aufbauen. Ziel ist es, die eigenen Erfolgsstrategien bewusster und auf eine andere Art und Weise in neuen Situationen anwenden zu können. Sinngemäß nach De Shazer: Wenn du etwas tust, das funktioniert, mach' mehr davon! (De Shazer 1990). In einer kritischen Betrachtung des Komfortzonenmodells weist Paffrath explizit darauf hin, dass Entwicklung und Lernen auch in der Komfortzone möglich sind (Paffrath 2013).

2. **Mut, die eigenen Grenzen zu akzeptieren:** Einige psychische Erkrankungen wie Burnout oder auch somatische Erkrankungen wie z. B. Rückenschmerzen lassen sich u. a. auf Stress, Überlastung, Überforderung und andere psychische Faktoren zurückführen. Meist kommen solche Erkrankungen nicht plötzlich, sondern kündigen sich im Vorfeld bereits an. Vielfach werden Warnsignale des Körpers zunächst nicht ernst genommen oder überhört. Es ist also wichtig, die eigenen Grenzen kennenzulernen und zu respektieren, statt sie zu überwinden. Die besondere Qualität, die diese Akzeptanz der eigenen Grenzen hat, ist der Kern der Selbstfürsorge; er ist ein erster Schritt, auf sich selbst aufzupassen. Dies gilt insbesondere in Zeiten der ständigen Selbstoptimierung, in welchen der Körper funktionieren soll und auf unterschiedliche Art und Weise zu Höchstleistungen getrieben wird. Die Arbeit an dem Thema

Grenzen kann das Spannungsfeld zwischen Gesundheit als Zustand des Wohlbefindens und Gesundheit als Mittel zum Zweck deutlich machen und für eigene Reflexionsprozesse genutzt werden.

3. **Mut zum Positiven:** Die Positive Psychologie richtet ihren Blick auf die positiven Abweichungen, auf das, was schon da ist und Kraft, Vitalität und Lebensfreude gibt. Das sind Einstellungen, Handlungen oder Situationen, die manchmal noch nicht bewusst sind, aber dennoch ständig genutzt werden. Dieses Verständnis geht über den klassischen Begriff *Ressourcenorientierung*, wie er etwa im Outdoortraining verwendet wird, hinaus. Ressourcenorientierung ist im klassischen Sinne Coping, also Strategien und Handlungen, die hilfreich sind, um Herausforderungen zu bewältigen. *Positive Abweichungen* umfassen dagegen *Denk-, Fühl- und Handlungsmuster*, die nicht nur zum Bewältigen von Herausforderungen dienen, sondern gleichzeitig auch zum Flourishing beitragen (Cameron 2012). Es geht also, wie in Abbildung 2 beschrieben, um das Erkunden und Identifizieren der Exzellenzen, des Flows und der eigenen Lebendigkeit, Kraft und Vitalität.

Physis	Krankheit	Gesundheit	Vitalität
Psyche	Krankheit	Gesundheit	Flow
Beziehung	schädlich	hilfreich	Honoring
Anpassung	Bedrohung	Coping	Flourishing
Effektivität	ineffektiv	effektiv	Exzellentes
Ebenen	**negative Abweichung**	**normal**	**positive Abweichung**

Abb. 2: Positive Abweichungen (Cameron 2012, 9)

4. **Mut zu individuellen Prozessen:** Persönlichkeitsentwicklung braucht die Fokussierung auf die Person. Die Gruppe und Gruppendynamik tritt dabei eher in den Hintergrund. Die persönliche Entwicklung der Teilnehmer steht im Zentrum, nicht das soziale Lernen wie im klassischen Outdoortraining. Mit dieser Personenorientierung verschiebt sich der Trainingsprozess hin zu einem Coachingprozess, in dem Einzel- oder Kleingruppenübungen im Vordergrund stehen. Um den Teilnehmer die nötige Sicherheit und Orientierung für diese Prozesse zu geben, bedarf es einer klaren Auftragsklärung mit jedem einzelnen Teilnehmer sowie eines klar kommunizierten Rahmens des gemeinsamen Arbeitens.

Auftragsklärung

- Was sind die Ziele und Erwartungen?
- Was möchte der Teilnehmer für sich erreichen?
- Was ist der Auftrag an den Trainer?
- Was darf auf gar keinen Fall passieren?

Da die Arbeit mit Zielen, Werten, Bedürfnissen und dem eigenen Thema Gesundheit zu den zentralen Themen vieler Menschen gehört, ist eine enge und professionelle Begleitung der Teilnehmer wichtig. Persönliche Prozesse der Teilnehmer zu begleiten, heißt:

- über eine fundierte Coachingkompetenz zu verfügen,
- diese Kompetenz in Gruppen anwenden zu können,
- Klarheit über die eigenen Möglichkeiten und Grenzen zu haben,
- mit der Aufmerksamkeit bei den Teilnehmern und ihren Themen zu sein, statt bei der Gruppe und der Gruppendynamik und
- die Gruppengröße so zu gestalten, dass solche Prozesse professionell durchführbar sind.

2.1 Grenzen der Gesundheitsförderung im Outdoortraining

Die Erfahrung zeigt, dass sich Menschen häufig dann für das Thema Persönlichkeitsentwicklung und Gesundheit interessieren, wenn es eine Krise oder einen aktuellen Anlass gibt (Robert Koch Institut 2015). Um verantwortungsvoll im Bereich psychischer Gesundheit zu arbeiten, ist eine Verständigung darüber notwendig, welche Themen bearbeitbar sind. Insbesondere im Feld der psychischen Gesundheit ist das relevant. Das Psychotherapeutengesetz (PsychThG) regelt, dass nur Ärzte und Psychotherapeuten sowie nach PsychThG anerkannte Heilpraktiker mit Menschen arbeiten dürfen, die eine diagnostizierte psychische Erkrankung nach der ICD 10 oder der DMS 5 aufweisen (PsychThG 2011). Wer nicht Arzt, Psychologe oder Psychotherapeut ist, darf mit klinisch relevanten Themen und Problematiken nicht arbeiten.

Aber auch manch andere Themen sind für ein Outdoortraining nur bedingt geeignet. Manche persönlichen Themen, wie etwa Trauer und Trauerbewältigung, Umgang mit Stressoren und Antreibern, Werte- oder Rollenkonflikte o. Ä. sind besser in einem klassischen Eins-zu-eins-Coaching aufgehoben, da hier die individuellen Prozesse besser geschützt und bearbeitbar sind.

Auch im Bereich der Rehabilitation, etwa in der Behandlung nach schweren Krankheiten oder Unfällen, bedarf es einer speziellen Ausbildung. Kurse während einer Rehabilitation sollten nur in Absprache mit und in Begleitung von Ärzten durchgeführt werden, damit etwaige somatische Behandlungserfolge nicht gefährdet werden.

2.2 Anwendungsfelder im Outdoortraining

Die Themen Persönlichkeitsentwicklung und Gesundheit können im Bereich der Prävention, der Bildung und des Coachings betrachtet werden. Dies eröffnet eine Vielzahl von Möglichkeiten.

Naturerfahrung und Gesundheit in Kombination mit Reflexions- und Transferphasen können bspw. im Bereich der Erwachsenbildung, des Tourismus oder im schulischen Kontext eingesetzt werden. Hier sind perspektivisch auch neue Zielgruppen für das Outdoortraining und die Erlebnispädagogik definierbar, wie etwa *Senioren*, die aus dem Erwerbsleben ausgeschieden sind, aber auch *Jugendliche*, die für das Thema Gesundheit über das Element Outdoor aktiviert werden können.

Einen breiten Anwendungsrahmen in klassischen Arbeitsfeldern des Outdoortrainings bietet auch das *betriebliche Gesundheitsmanagement* (BGM). Gesundheit ist nicht nur eine Frage der persönlichen Kompetenz, sondern auch des Systems und der Systembedingungen, also immer auch der Führung und Zusammenarbeit im Team (Abb. 3).

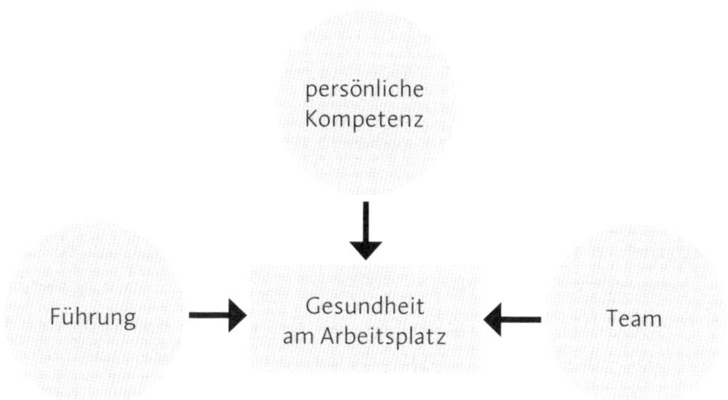

Abb. 3: Gesundheit in der Arbeitswelt

Zahlreiche Autoren weisen darauf hin, dass es bei dem Thema Gesundheit am Arbeitsplatz nicht nur darum geht, bei Mitarbeitern persönliche Kompetenzen und Einstellungen zu entwickeln, sondern auch darum, dass auch die Art und Weise der Führung und das Arbeitsklima wesentliche Rollen bei der Gesundheit der Mitarbeiter spielen (Seliger 2014; Matyssek 2011; Cameron 2012; Brinkmann 2014).

2.3 Tipps zur methodischen Umsetzung im Outdoortraining

Die Natur als Lernraum für Persönlichkeitsentwicklung und Gesundheit zu nutzen, macht aus vielerlei Hinsicht Sinn. Wie in Kapitel 5 näher beschrieben, kann die Natur unter bestimmten Umständen erholsam wirken, Kreativität fördern und zum Flourishing beitragen. In der Praxis hat sich gezeigt, dass diese Effekte durch ein methodisches Handeln, das durch Entschleunigung und Einfachheit geprägt ist, gestützt werden können:

- **Entschleunigung:** Sie als methodisches Stilelement zu nutzen, bedeutet, das Thema im Thema zu bearbeiten. Persönlichkeitsentwicklung und Gesundheit bedeuten nämlich auch, sich für sich Zeit zu nehmen, Prozessen Raum zu geben und für Erholung und Pausen zu sorgen. Vielen Teilnehmern wird diese Qualität der Zeit durch entschleunigte Programme bewusst.
- **Einfachheit:** Sich auf das Wesentliche zu konzentrieren und dadurch mit einfachen Mitteln zum Ziel zu kommen, ist das zweite wesentliche Stilmittel. Es braucht keine Smartwatches zur Kontrolle des Bewegungsniveaus oder High-End-Ausrüstung zum Aufenthalt in der Natur. Die Natur steht fast gänzlich zur freien Verfügung, positive Effekte auf Körper und Geist ergeben sich in der Regel gratis. Teilnehmer dafür zu sensibilisieren bedeutet auch, die Schwellen zu senken, um Veränderungen in den Alltag zu integrieren.
- **Medien:** Auch Medien dienen auf unterschiedlichste Art und Weise dazu, in Bewegung zu kommen und sich in der Natur aufzuhalten. Wie viele Menschen weniger würden die Natur aufsuchen und sich bewegen, wenn sie keine Nordic-Walking-Stöcke zum Spazierengehen, GPS-Geräte zum Geocachen oder Elektromotoren an Fahrrädern hätten? Kleine, technische Hilfsmittel sind motivierende Faktoren, die gut in Outdoorprogramme integriert werden können. Dazu zählen auch die Mittel und Möglichkeiten sozialer Netzwerke, die individuelle Naturerfahrungen mit anderen teilbar machen.

- **Metaphern:** Die Natur bietet unzählige Möglichkeiten, mit Metaphern zu arbeiten. Komplexe Sachverhalte lassen sich einfach ausdrücken und bewusst machen. Metaphern in Form von Symbolen, Bildern, Skulpturen etc. haben immer eine individuelle Bedeutung für die Teilnehmer. Daher ist es hilfreich, sich an den Teilnehmern zu orientieren und ihnen nicht die eigenen Metaphern überzustülpen. Gerade hier ist Vorsicht geboten, um sich von esoterischen Angeboten zu unterscheiden. Per se davon auszugehen, dass Erde, Feuer, Wasser, Luft für bestimmte Eigenschaften stehen, ist eher problematisch. Metaphern wirken nur im jeweiligen Wertesystem der Teilnehmer und sind dann ein starkes Instrument, um persönlicher Entwicklung Ausdruck zu verleihen (Health Council 2004).
- **Raum:** Menschen gehen „hinaus in die Natur", d. h., sie wechseln den Raum. Neue Räume ergeben neue Perspektiven. Natur bedeutet: Abstand gewinnen, sich einen Überblick zu schaffen oder Weitblick zu bekommen. Hierbei geht es nicht nur um eine Metapher, sondern auch um das Nutzen unterschiedlicher Wahrnehmungsmöglichkeiten. Wer Abstand und Überblick hat, kann bspw. besser Strukturen und Zusammenhänge erkennen (Health Council 2004).

3 Erlebnis und Emotionen – Für Wohlbefinden und Resilienz sorgen

Outdoortrainings setzen auf die *Wirkungskraft von Emotionen*. Gefühle lassen sich in ihrer Bandbreite von unangenehm bis angenehm, in unterschiedlichen Formen und Intensitäten erleben, erfahren und benennen. In der Entwicklung einer Persönlichkeit haben Emotionen eine wichtige Funktion. So spielen sie eine wesentliche Rolle bei der *Entwicklung psychischer Stabilität*. Sie in ihrer gesamten Bandbreite bei sich und anderen bewusst wahrzunehmen, zu benennen und zu regulieren, sind Facetten der *emotionalen Intelligenz*. Diese psychische Flexibilität, also die emotionale „Schwingungsfähigkeit", gilt als wesentlicher Faktor beim Aufbau von Flourishing und Resilienz. Die emotionale Intelligenz beschreibt die Fähigkeit,

1. Emotionen bei sich und anderen wahrzunehmen,
2. Emotionen für kognitive Prozesse zu nutzen,
3. Emotionen in ihrer Komplexität zu verstehen und
4. Emotionen zu regulieren (Goleman 2013).

Der Nutzen emotionaler Intelligenz ist dabei weitreichend. So verbessert sie etwa die Beziehungsqualität, unterstützt bei Konfliktlösung, führt zu effektiver Teamarbeit und trägt zu Stressbewältigung und psychischer Gesundheit bei. Die Wirkung von Emotionen auf die Persönlichkeitsentwicklung und Gesundheit ist aber vor allem von der Art und Weise ihrer Wahrnehmung abhängig. Negative Gefühle werden in der Regel schneller wahrgenommen und länger in Erinnerung behalten, darüber hinaus sind sie leichter abrufbar. Positive Gefühle hingegen werden im Alltag nicht so leicht bemerkt, obwohl sie im Vergleich zu negativen meist häufiger vorkommen. Das liegt nach Fredrickson vor allem daran, dass sie diffuser sind und häufig ineinander übergehen. An eine negative Erfahrung auf der Arbeit kann sich manch einer wahrscheinlich sehr genau erinnern, die Erinnerung an einen „normalen" Arbeitstag ohne negative Ereignisse verschwimmt hingegen häufig und die vielen kleinen positiven Erlebnisse werden nicht einzeln als solche wahrgenommen (Fredrickson 2009; Goleman 2013; Blickhan 2015).

3.1 Positive Emotionen – Positive Grundhaltung und Resilienz

Die amerikanische Psychologie-Professorin Barbara Fredrickson beschäftigt sich in ihrer Forschung seit vielen Jahren mit *positiven Emotionen* und ihren Auswirkungen auf das menschliche Wohlbefinden. Nach ihrer Auffassung spielen *positive Emotionen* und eine *positive Grundhaltung* eine wesentliche Rolle beim Aufbau von *Resilienz* und *Wohlbefinden*. Fredrickson (2009) benennt im Wesentlichen zehn positive Emotionen, die sie wissenschaftlich untersucht hat:

- Freude
- Dankbarkeit
- Heiterkeit/Gelassenheit
- Interesse
- Hoffnung
- Stolz
- Inspiration
- Vergnügen
- Ehrfurcht
- Liebe

In ihrer *Broaden-and-Build-Theorie* beschreibt Fredrickson, wie durch positive Emotionen eine Aufwärtsspirale in Gang gesetzt wird, die zu einer positiven Lebenseinstellung und damit zum *Flourishing* führt (Abb. 4).

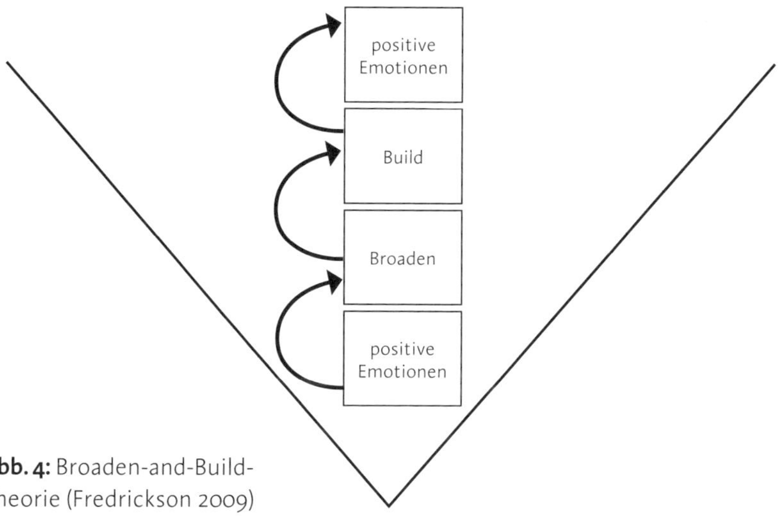

Abb. 4: Broaden-and-Build-Theorie (Fredrickson 2009)

Positive Emotionen fördern Kreativität, geistige Flexibilität und öffnen die Wahrnehmung (Tab. 1). Fredrickson bezeichnet das als *Broadening*. Langfristig bauen sich dadurch psychische Ressourcen, Resilienz und eine positive Grundhaltung auf. Dieser *Build-Effekt* wirkt sich wiederum auf das Wahrnehmen der positiven Emotionen und den Broadening-Effekt aus. Es kommt zu einer Aufwärtsspirale, die auf längere Sicht zur Entwicklung einer positiven Grundhaltung führt. Fredrickson verweist dabei auf den Aufbau der in Tabelle 1 dargestellten Ressourcen.

Tab. 1: Effekte im Zusammenhang mit positiven Emotionen (Blickhan 2015, 61)

körperliche Ressourcen	**intellektuelle, emotionale und handlungsbezogene Ressourcen**	**soziale Ressourcen**
Immunstärke	Selbstwirksamkeit	positive Beziehungsqualität
Krankheitsdauer und Stärke der Symptomatik	Selbstakzeptanz	soziales Feingefühl
	Optimismus	
	Flexibilität im Verhalten	
	Sinnerleben	
	Achtsamkeit	

Übung: Emotion Art

Ziel: Ausdruck für Emotionen finden, Emotionen erlebbar machen, Emotionen kennenlernen
Art: Kleingruppenarbeit, 2–4 Teilnehmer
Zeitbedarf: 20–40 Minuten
Material: Naturmaterialien
Ort: Waldrand

Beschreibung: Mit Naturmaterialien soll eine Emotion in einer Skulptur, einem Bild etc. ausgedrückt werden. Die Teilnehmer erstellen in einer Kleingruppe gemeinsam ein Landart-Projekt.

Anleitung: „Sucht euch in der Kleingruppe zwei positive Emotionen und drückt diese in einem Kunstwerk aus Naturmaterialien aus."

Auswertung: Vernissage der Ergebnisse

Übung: Galerie der Faszination

Ziel: für positive Gefühle sorgen, Natur genießen
Art: Kleingruppenarbeit
Zeitbedarf: 60 Minuten
Material: Schnüre
Ort: abwechslungsreiches Gelände, viel Vegetation

Beschreibung: Die Teilnehmer bauen aus Stöcken und Schnüren Bilderrahmen. Mit diesen Bilderrahmen werden besonders schöne Dinge in der Natur gerahmt. So entsteht nach und nach eine Galerie der Faszination.

Anleitung: „Geht zusammen in Kleingruppen. Sucht euch einen schönen Ort in der Umgebung. Baut aus Stöcken und Schnüren Bilderrahmen und lasst so nach und nach eine Galerie der Faszination entstehen."

Auswertung: Vernissage der Galerien
- „Welche Eindrücke habt ihr von den Galerien?"
- „Wie war es, auf diese Art und Weise die Natur wahrzunehmen?"
- „Was ist jetzt anders als vor der Übung?"

Übung: Baum der Emotionen

Ziel: Aufmerksamkeit auf Positives lenken, Sensibilisierung für positive Gefühle im Alltag, Strategien für positive Gefühle entdecken
Art: Kleingruppe, 2–3 Teilnehmer
Zeitbedarf: 45 Minuten
Material: Stift und Papier
Ort: Wälder oder Wiesen

Beschreibung: Die Teilnehmer nutzen eine Pflanze oder einen Baum für die Reflexion positiver Emotionen im Alltag.

Anleitung: „Sucht euch eine Pflanze oder einen Baum und nutzt diese als Metapher. Aus welchen positiven Gefühlen holst du deine Nährstoffe?"

- „Was ist der Stamm, was sind deine größten Erfolge?"
- „Was sind die Früchte, für die du dankbar bist?"
- „Wohin willst du wachsen, was erhoffst du dir?"

- „Was bringt deine Blätter zum Sprießen, was macht dir Freude?"
- „Was regt dich zum Wachsen an, was inspiriert dich?"
- „Worüber staunst du? Was imponiert dir?"

Auswertung: Ergebnisse aufschreiben und als Strategieliste sichern. Die Teilnehmer berichten in der Kleingruppe von ihren Erkenntnissen.

Übung: Emotionskarten

Ziel: positive Emotionen benennen und differenzieren können, Auswertungsübung
Art: Gruppenauswertung
Zeitbedarf: 30–60 Minuten
Material: Emotionskarten
Ort: beliebig

Beschreibung: Die Gruppe steht im Kreis. In dem Kreis liegen auf dem Boden die Karten mit positiven Emotionen. Zu jeder Emotionskarte soll mindestens eine Situation aus dem Training gefunden werden.

Anleitung: „Erinnert euch an den Tag und all das, was wir gemacht haben. Erinnert euch auch an die Momente in den Übungen und die, in der es keine Anleitung gab, die Pausen waren und in der Zeit für eine andere Art und Weise der Begegnung bestand. Findet für jede dieser Karten mindestens eine Situation, wo ihr diese Emotion gespürt habt. Wenn alle wichtigen Beispiele zu dieser Karte gefunden wurden, dreht sie einfach um!" (Abb. 5)

Auswertung: Die Übung wertet eine Aktion aus.

Entspannung	Überraschung	Langeweile
Genuss	Mut	Enttäuschung
Zuversicht	Schmerz	Hass
Angst	Trauer	Schmerz
Dankbarkeit	Sehnsucht	Schlappheit
Ruhe	Kummer	Tapferkeit
Neugierde	Fröhlichkeit	Scham
Traurigkeit	Stolz	Furcht
Ekel	Wut	Freundlichkeit
Spaß	Liebe	Resignation

Abb. 5: Emotionskarten

3.2 Emotionale Flexibilität – Das Gute an negativen Emotionen

Ein Merkmal für Resilienz ist, auf sich verändernde Umstände emotional flexibel zu reagieren und das Gefühlsempfinden anzupassen. Diese Kompetenz wird *emotionale Flexibilität* (Emotional Agility) genannt (Waugh et al. 2011).

Um emotional flexibel zu sein, bedarf es eines bewussten Wahrnehmens von positiven und negativen Emotionen. Positive Emotionen bewusst wahrzunehmen, bedeutet nicht, negative Emotionen zu leugnen oder zu unterdrücken. Fredrickson weist ausdrücklich darauf hin, dass es nicht darum geht, negative Emotionen aus dem Leben zu verbannen, sondern diese im Verhältnis zu positiven Emotionen zu minimieren. Es geht ihr darum, dem Positiven Vorfahrt zu geben und Negatives zu kanalisieren.

Die Fähigkeit, einerseits Freude und Faszination zu genießen, und andererseits Wut und Trauer zuzulassen, ist wichtig für psychisches Wachstum und Entwicklung. Die beiden Psychologen Kashdan und Biswas-Diener betonen ausdrücklich, dass jede Emotion für die menschliche Entwicklung wichtig ist und prägen in diesem Zusammenhang den Begriff *Wholeness* (Kashdan/Biswas-Diener 2014, X). In ihrer Arbeit richten sie den Blick auf das Positive in negativen Emotionen. So beschreiben sie bspw. Ärger als Warnzeichen, der auf das Erreichtsein von persönlichen Grenzen hinweist, oder Scham als Hinweis, gegen die eigene Moral und Werte gehandelt zu haben. Insgesamt lässt sich feststellen, dass negative Emotionen durchaus nützlich sein können und folgende Prozesse aktivieren:

- Förderung kritischen Denkens
- Schärfung des Erinnerungsvermögens
- Ansteigen der Ausdauer, eine Aufgabe gut zu erledigen
- Unterstützung von Beziehungen, weil andere Menschen uns höflicher und aufmerksamer erleben
- Zunahme der Bereitschaft zu Großzügigkeit und des Empfindens für Fairness (David 2016).

3.3 Emotionale Differenzierung – Feinheiten benennen

Nach Kashdan et al. (2015) bedeutet *emotionale Differenzierung*, die Fähigkeit Erfahrungen mit einem hohen Grad an Genauigkeit zu benennen. Menschen, die emotional gut differenzieren können, sind in der Lage,

Erfahrungen mit *unterschiedlichen Ausdrücken* feiner und genauer zu beschreiben (bspw. Euphorie, Freude, Heiterkeit, Leichtigkeit, Glück, Enthusiasmus). Durch diese Kompetenz wird ein emotionales Wissen aufgebaut. Dieses Wissen um die Differenziertheit der Emotionen und die Kompetenz, diese auszudrücken, steht im Zusammenhang mit Resilienz und psychischer Stabilität. Außerdem konnte auch nachgewiesen werden, dass Menschen, die Emotionen in negativen Erfahrungen differenzierter benennen können (Wut, Ärger, Angst, Trauer), weniger anfällig für Alkoholmissbrauch und Gewalttaten sind (Kashdan et al. 2015).

Aufgrund der vielfältigen Erfahrungen durch persönliche und gruppendynamische Prozesse können im Kontext des Outdoortrainings zahlreiche Emotionen innerhalb einer kurzen Zeit erleb- und erfahrbar gemacht werden. Im Prinzip kann jede Interaktionsübung, natursportliche Aktivität oder jeder gruppendynamische Prozess dafür genutzt werden (Abb. 6).

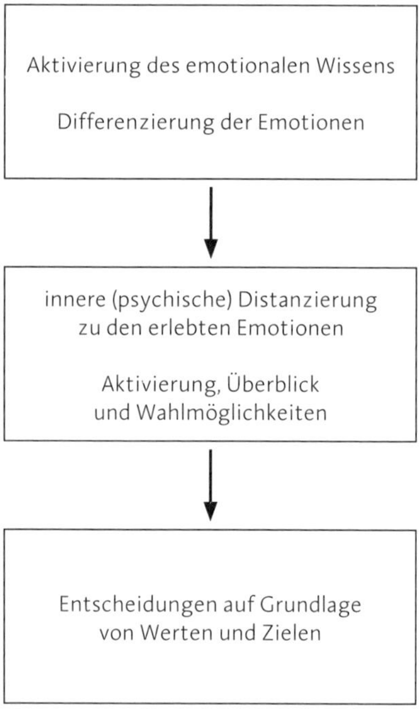

Abb. 6: Prozess der emotionalen Differenzierung (Kashdan et al. 2015)

Ziel der Aktivitäten ist es, das Prinzip der emotionalen Differenzierung zu verdeutlichen und den Teilnehmern bessere Möglichkeiten zur Reflexion und zum Selbstmanagement anzubieten. Voraussetzung dafür ist, dass den Teilnehmenden eine Vielzahl von Emotionsbegriffen zur Verfügung steht. Die konkrete Verknüpfung der Wörter mit persönlichen Erfahrungen erfolgt dann im nächsten Schritt. Dieses differenzierte Wissen um Emotionen führt dazu, dass man sich selber von den eigenen Emotionen distanzieren und dadurch das Verhalten im Sinne der persönlichen Werte und Ziele besser steuern kann (Kashdan et al. 2015). Damit dies möglich ist, sollten die gewählten Aktionen zwei Kriterien erfüllen:

1. Sie sollten für Teilnehmer eine *Herausforderung* darstellen und
2. *mindestens zehn Minuten dauern*, damit vielfältige Emotionen möglich sind.

Verdeutlichen lässt sich dieses Prinzip beispielhaft an einer Trainingssequenz im Bereich Klettern.

Übung: Emotionale Differenzierung beim Klettern

Ziel: emotionale Differenzierung verstehen, Wahrnehmung fokussieren, Selbstregulation üben
Art: Einzelübung
Zeitbedarf: 30 Minuten (nur Auswertung)
Ort: Kletterfelsen
Material: Klettermaterial, Seil, Moderationskarten, Stifte, Blätter

Beschreibung: Die Namen von Emotionen werden in der Gruppe gesammelt. Die Teilnehmer klettern und machen ihre Erfahrung.

Auswertung: Es wird eine kurze Blitzlichtrunde (nur ein Satz) durchgeführt: „Wie war's?" Dann bekommen die Teilnehmer je ein Topo (Routenskizze) der Route oder einen Zeitstrahl in Form eines Seiles auf den Boden gelegt. Nun sollen sie die Aktion noch einmal in Gedanken vom Einbinden bis zum Ausbinden durchgehen:

- „Was waren die einzelnen Schritte oder wesentlichen Momente?"
- „Welche Emotionen gab es?"
- „Wie haben sich die Emotionen im Laufe der Aktion verändert?"
- „Welche Emotionen sind am präsentesten, worauf liegt der Fokus der Erinnerung?"

Die Situationen und Emotionen werden aufgeschrieben und chronologisch im Topo oder auf dem Zeitstrahl geordnet.

Auswertung in der Großgruppe:

- „Welche Erkenntnisse sind entstanden?“
- „Was hat sich durch das bewusste Wiederholen und Aufschreiben im Bezug zur Blitzlichtrunde verändert?“
- „Welche Selbsterkenntnisse entstehen dadurch im Umgang mit Emotionen und dem Bewerten von Situationen?“

Transfer:

- „Was bedeutet das für euch im Alltag?“
- „Wie und wo kann dieser Effekt nutzen?“
- „Wie werdet ihr euch daran erinnern?“

3.4 Positive Emotionen verstärken – Die Kunst des Genießens

Die Wahrnehmung positiver Emotionen und deren Effekte auf Lebensqualität und Resilienz lässt sich durch bewusstes Genießen intensivieren. In ihrem Modell des *Savouring* (Genießen) beschreiben die beiden Psychologen Bryant und Veroff (2007) die *Kunst des Genießens* (Tab. 2). Zum Genießen gehören zwei Dimensionen. Die erste Dimension beleuchtet, worauf der Fokus der Aufmerksamkeit gerichtet ist, entweder nach innen oder nach außen. Die zweite Dimension beschreibt, ob eine Erfahrung eher auf kognitiver oder emotionaler Ebene gemacht wird. Führt man diese Dimensionen zusammen, lassen sich nach Bryant und Veroff folgende Prozesse einordnen:

- Dankbarkeit
- Stolz
- Staunen
- Sinnliches Genießen

Alle Prozesse verstärken die Wahrnehmung positiver Emotionen.

Tab. 2: Savouring

		Fokus der Aufmerksamkeit	
		außen	innen
Fokus der Erfahrung	kognitiv	Dankbarkeit	Stolz
	emotional	Staunen	Genießen

Zum Savouring gehört auch eine zeitliche Komponente. Vorfreude auf die Zukunft, den Moment genießen und sich rückblickend erinnern sind Verstärker positiver Emotionen.

Übung: Magic Moments of Nature

Ziel: Genießen fördern, positive Emotionen
Art: Einzelübung
Zeitbedarf: 30–45 Minuten
Material: Kamera oder Smartphone
Ort: landschaftlich abwechslungsreiches Gelände

Beschreibung: Die Teilnehmer bekommen die Aufgabe, bewusst die Umgebung zu erkunden. Dabei sollen sie auf kleine faszinierende Dinge achten und diese fotografieren. Aus diesen Fotos soll eine Galerie erstellt werden. Darstellungsmöglichkeiten sind:

- Fotoalbum
- soziale Netzwerke
- Collage

Anleitung: „Nehmt Euch 30 Minuten Zeit, die Landschaft auf eine andere Art und Weise wahrzunehmen. Entschleunigt und entdeckt das Ungewöhnliche im Gewöhnlichen und Gewöhnliche im Ungewöhnlichen. Haltet es mit euren Kameras fest. Erstellt danach ein Fotoalbum oder postet es im Internet. Ihr könnt auch eine Fotocollage erstellen.“

Auswertung:
- „Wie war es, sich auf den Prozess einzulassen? Was nehmt ihr mit?“
- „Was bedeutet es, zu genießen?“
- „Welche Bedeutung hat das für euren Alltag?“

Quelle: Bryant/Veroff (2007)

Übung: Pleasure Walk

Ziel: Genießen fördern, positive Emotionen, Bewegung
Art: Einzelübung
Zeitbedarf: 20–30 Minuten
Material: –
Ort: überall möglich

Beschreibung: Die Teilnehmer gehen mit der inneren Haltung des Erkundens und des Endeckens des Schönen und Neuen spazieren. Um den Prozess des Savourings zu initiieren, sollte der Spaziergang mindestens 20 Minuten dauern.

Anleitung: „Geht mit der Absicht los, Neues, Schönes und Außergewöhnliches zu entdecken. Lasst euch von den Kleinigkeiten, vom Gewöhnlichen und von anderen Dingen faszinieren. Entdeckt die Schönheit und Einzigartigkeit der Dinge und lasst euch überraschen, was es bei euch bewirkt. Geht mindestens 20 Minuten.“

Auswertung:
- „Welche Erfahrung habt ihr gemacht?“
- „Was hat sich im Laufe der Übung verändert?“
- „Wo könnt ihr solche Momente in eurem Leben integrieren?“

Quelle: Blickhan (2015)

Bryant, B.F., Veroff, J. (2007): Savouring. A New Model of Positive Experience. Lawrence Erlbaum Associates Inc.

Fredrickson, B. (2009): Die Macht der guten Gefühle. Wie eine positive Haltung Ihr Leben dauerhaft verändert. Campus

4 Stärken stärken – Sich wirkungsvoll und authentisch erleben

In der Positiven Psychologie gibt es verschiedene Definitionen von Stärken. Der amerikanische Psychologe Biswas-Diener beschreibt sie folgendermaßen:

> „Stärken sind überdauernde Muster von Gedanken, Gefühlen und Verhalten, die authentisch und energetisierend sind und zur besten Performance führen" (Biswas-Diener 2010, 21).

Stärken entwickeln sich im Laufe des Lebens und sind stark mit dem individuellen Wertesystem verbunden. So geht Biswas-Diener davon aus, dass Stärken entwickelt und aufgebaut werden, weil sie eine hohe persönliche Bedeutung im Leben haben und weil das *Anwenden von Stärken* als *lustvoll und authentisch* empfunden wird. Von außen betrachtet sind Stärken etwas, das die wahre Persönlichkeit eines Menschen beschreibt. Stärken sind in diesem Sinne Kompetenzen, die ein Mensch regelmäßig und mit Leichtigkeit nutzt, um zu seinen Zielen zu kommen. Darüber hinaus sind Stärken *energetisierend*, d.h., sie fördern Energie, Enthusiasmus und Engagement. Wenn Menschen ihre Stärken anwenden und leben, ist das äußerlich z.B. an der Sprache (schneller und höher), der Körperhaltung (gerade und aufrecht), der Gestik (mehr Bewegung) und Mimik (Lächeln und Lachen) sowie der mitreißenden Wirkung gegenüber anderen wahrnehmbar (Biswas-Diener 2010).

4.1 Die Wirkung von Stärken

Im Sinne des *Flourishing-Konzeptes von* Keyes (2002; Kap. 1) können Stärken zum Flourishing beitragen. Der Einsatz von Stärken fördert einerseits *die Sinnhaftigkeit des Handelns*, weil Stärken aus einer intrinsischen Motivation heraus angewendet werden, und andererseits die *Selbstwirksamkeit*, da der Einsatz von Stärken zum Erreichen von Zielen leichter und vielversprechender ist. Darüber hinaus hat er noch folgende positive Effekte:

- Das Identifizieren und Nutzen der eigenen Stärken macht insgesamt glücklicher und wirkt Depressionen entgegen (Biswas-Diener 2010).

- Der erfolgreiche Einsatz von Stärken fördert durch Selbstwirksamkeitserfahrungen das Selbstbewusstsein.
- Stärken fördern Arbeitszufriedenheit und Arbeitsmotivation und
- haben positive Effekte auf die Vitalität und das Stressempfinden (Niemiec 2014).

Zusammengefasst lässt sich festhalten, dass der bewusste Einsatz von Stärken Menschen dabei hilft, die drei psychologischen Grundbedürfnisse *Autonomie*, *Kompetenzerleben* und *Beziehung* zu erfüllen. Dies liegt vor allem daran, dass Stärken bewusst eingesetzt werden, um eigene Ziele zu verfolgen, die mit einem spezifischen Sinn oder Nutzen verbunden sind (*Autonomie*) und durch ihren Einsatz Selbstwirksamkeit (*Kompetenz*) fördern. Gleichzeitig sind viele der Stärken, wie etwa Teamfähigkeit, Dankbarkeit oder auch Führungsvermögen, nach außen gerichtet und können einen Beitrag zur Vertiefung von *Beziehungen* leisten (Deci/Ryan 2008, 2004, 2002).

4.2 Modell der Charakterstärken

Ein weiteres Stärken-Modell entwickelte die Forschergruppe um die Psychologie-Professoren Seligman und Peterson (Seligmann 2015). Sie untersuchten in einer umfangreichen Studie, was kulturübergreifend und historisch als Stärken verstanden wird. Dabei unterschieden sie Stärken von Kompetenzen (erlernte Techniken oder Fähigkeiten, die sehr kulturabhängig sind) oder Talenten (angeborene Gaben). In einem aufwändigen und interdisziplinären Forschungsdesign haben sie *24 Charakterstärken* identifiziert und beschrieben. Dieses Konzept ist für die Praxis sehr interessant, weil es auf einfache Art und Weise die Idee der Stärkenfokussierung in die praktische Anwendung bringt. Peterson sagt:

„Eine Charakterstärke
- ist universell gültig: Sie wird kulturübergreifend als positiv und wünschenswert anerkannt.
- ist erfüllend: Sie fördert die individuelle Erfüllung und Zufriedenheit sowie im weitesten Sinne das persönliche Glück.
- ist moralisch wertvoll: Sie wird um ihrer selbst willen anerkannt und ist nicht nur Mittel zum Zweck.
- setzt andere nicht herab und verursacht keinen Neid: Wer sieht, wie andere eine Charakterstärke einsetzen, erlebt ein erhebendes Gefühl *(elevation effect)*, Anerkennung und Bewunderung.
- hat einen nicht-glücksförderlichen Gegenpart: Für jede Charakterstärke gibt es ein Gegenteil.

- ist wesenszugartig: Menschen unterscheiden sich in der individuellen Ausprägung ihrer Charakterstärken. Das individuelle Stärkenprofil ist jedoch wiederum relativ stabil.
- ist messbar: Sie wurden empirisch als individuelles Merkmal gemessen, in dem sich Menschen unterscheiden.
- ist eindeutig: Sie überschneiden sich weder konzeptionell noch empirisch mit anderen Charakterstärken.
- hat Musterbeispiele und Vorbilder: Sie wird von Einzelnen bemerkenswert oder vorbildlich verkörpert.
- hat Wunderkinder: Sie zeigt sich bei manchen Kindern und Jugendlichen bereits sehr früh.
- kann selektiv fehlen: Manche Stärken sind bei manchen Menschen nicht beobachtbar.
- wird von Institutionen gefördert: Sie ist das Ziel von Ritualen und anderen gesellschaftlichen Handlungen, die sie kultivieren" (Peterson zit. nach Blickhan 2015, 160f.).

Die *24 Charakterstärken* sind in sechs *Tugenden* eingeteilt. Sie bilden Oberbegriffe für Kategorien von Charakterstärken (Tab. 3).

Tab. 3: Charakterstärken (nach Niemiec 2014; Blickhan 2015; Polly/Britton 2015)

Stärken	**Beschreibung**
Wissen und Weisheit	kognitive Stärken, Erwerb und Nutzen von Wissen
Kreativität	Finden von neuen und effektiven Wegen, Wissen anzuwenden
Neugier	Faszination an neuen Erfahrungen haben, Dinge erforschen und entdecken wollen
Liebe zum Lernen	Lust, Wissen zu erweitern, neue Fähigkeiten zu erlernen
Aufgeschlossenheit	Dinge neu und anders denken, Offenheit für Argumente, Abwägen der Entscheidungen
Weisheit	Verbindung von Lebenserfahrung und Wissen, Dinge so betrachten, dass sie Sinn ergeben
Mut	emotionale Stärken, mit Willenskraft Ziele erreichen
Authentizität	auch in schwierigen Situationen zur eignen Meinung stehen, Verantwortung für die eigenen Gefühle und Handlungen übernehmen
Tapferkeit	Herausforderungen annehmen und zu Ende bringen, auch wenn es Schwierigkeiten, Schmerz oder Bedrohung gibt
Lebenskraft	lebendig und aktiv sein, das Leben als Abenteuer sehen
Ausdauer	Beenden, was man angefangen hat, mit Beharrlichkeit zum Ziel kommen
Humanität	zwischenmenschliche Stärken in Zweierbeziehungen
Freundlichkeit	anderen Menschen helfen und für sie sorgen, großzügig und hilfsbereit sein
Bindungsfähigkeit	Fähigkeit, tragfähige, enge Beziehungen aufzubauen, Erwiderung starker Gefühle, Liebe zeigen und nehmen können
Soziale Intelligenz	sich im Klaren über eigene Gefühle und Motive und auch die anderer sein, angemessenes Verhalten in verschiedenen Situationen
Gerechtigkeit	zwischenmenschliche Stärken in Gruppen und Gemeinschaften
Fairness	jedem eine faire Chance geben, alle Menschen gleich und gerecht behandeln

Stärken	Beschreibung
Führungsvermögen	als Teil einer Gruppe Dinge auf den Weg bringen, gut in Kontakt mit den anderen Gruppenmitgliedern sein, Organisation von Gruppenaktivitäten
Teamfähigkeit/Loyalität	Teil eines Teams sein und sich loyal ihm gegenüber verhalten, eigene Interessen zugunsten der Gruppe zurückstellen
Mäßigung	Stärken, die Exzessen entgegenwirken
Vergebungsbereitschaft	Stärke, die Gedanken, Gefühle und Verhaltensweisen gegenüber Menschen zu verändern, von denen man verletzt wurde
Bescheidenheit	Taten für sich sprechen lassen, ohne sich ins Rampenlicht zu stellen, Stärke Fehler zuzugeben
Umsicht	vorsichtig im Hinblick auf eigene Entscheidungen, Nachdenken über möglichen Konsequenzen und langfristiges Planen
Selbstregulation	Selbstdisziplin, langfristige Ziele kurzfristigen vorziehen, Gefühle und Gedanken regulieren können
Transzendenz	sinnstiftende Stärken, mit einer Verbindung zum großen Ganzen
Sinn für das Schöne und Gute	Wertschätzen und Anerkennen von Leistungen und Schönheiten in allen Lebensbereichen, Bewunderung und Ehrfurcht für Außergewöhnliches
Dankbarkeit	sich Zeit nehmen, Dankbarkeit auszudrücken, sich der guten Aspekte im Leben bewusst und für diese dankbar sein
Hoffnung	Bestes zu erwarten und darauf hinarbeiten, um es zu erreichen
Humor	positive Dinge des Lebens betrachten, Menschen zum Lachen bringen, Leichtigkeit empfinden
Spiritualität	kohärente Überzeugung, dass das Leben einen höheren Sinn und Zweck erfüllt (nicht explizit religiös gemeint)

Die Entwicklung und Anwendung der Charakterstärken führt dazu, dass sich die Tugenden weiterentwickeln. So kann etwa die Tugend Mut, die die Willenskraft, Ziele zu erreichen, beschreibt, durch das Trainieren von Ausdauer oder eine aktive Lebensgestaltung gestärkt werden (Kap. 10.3).

4.3 Charakterstärken in die Praxis bringen

Der Blick auf Stärken ist für viele Menschen zunächst eher ungewohnt. Das hat mehrere Gründe: Zum einen gibt es eine kulturelle Prägung, dass das Beschäftigen mit Stärken als zu viel Selbstlob empfunden wird. Zudem scheint die Beschäftigung mit Problemen häufig dringlicher. Es gibt darüber hinaus das Phänomen der Stärkenblindheit, d.h., Menschen setzen Stärken ein, ohne mitzubekommen, dass sie von einer Stärke Gebrauch machen. An einer Abseilstelle nein zu sagen, obwohl der Gruppendruck hoch ist, bedeutet den Einsatz von Mut und Authentizität. Zudem glauben viele Menschen leider immer noch, dass das Arbeiten an Schwächen zu mehr Wachstum führt als das Entwickeln von Stärken (Biswas-Diener 2010).

Aus diesem Grund ist es sinnvoll, Teilnehmer zunächst mit Stärken vertraut zu machen, diese entdecken und identifizieren zu helfen, bevor sie im Outdoortraining eingesetzt werden (Niemiec 2014).

Stärken entdecken

Biswas-Diener beschreibt in seinem *Positive-Psychologie-Coaching-Ansatz* eine Möglichkeit, Menschen mit dem Stärken-Konzept vertraut zu machen. Ihm geht es dabei vor allem um das Verständlichmachen des Stärken-Ansatzes. Hierfür schlägt er folgende Schritte vor:

1. Die Teilnehmer in den Stärken-Ansatz einführen: Der Fokus sollte schon zu Beginn des Trainings auf Stärken gerichtet sein. Die Entwicklung von Stärken geht leichter, macht Spaß und ist langfristig weniger energieaufwändig als die Bearbeitung von Schwächen. Das Lernen von Stärken kann hier analog zum Lernen in der Schule gesehen werden. In Fächern, die Spaß machen, fällt einem das Lernen leichter und es wird in der gleichen Zeit mehr, spezifischer und tiefgreifender gelernt als in Fächern, die einem keinen Spaß machen.
2. Schwächen würdigen: Jeder Mensch hat Schwächen und darf diese auch haben. Der Fokus bei der Betrachtung von Schwächen sollte aber auf der Akzeptanz dieser liegen und nicht auf den eigenen Abwertungsschleifen, die durch permanente Selbstkritik entstehen („Es ist okay, wenn ich Dinge nicht kann, das geht anderen auch so.").
3. Herausstellen der wissenschaftlichen Erkenntnisse: Die Betonung der wissenschaftlichen Erkenntnisse und des Nutzens des Stärken-Ansatzes hilft Teilnehmern, diese leichter zu akzeptieren. Das Übersetzen der Stärken in die eigene Sprache kann dabei unterstützen, mehr Verständnis für den Stärken-Ansatz zu entwickeln.

4. Stärken entdecken lernen: Teilnehmern kann praktisch dabei geholfen werden, sich mit dem Stärken-Ansatz auseinanderzusetzen, indem sie durch Praxis-Übungen Erfahrungen sammeln. Dazu kann es helfen, Stärken in eigene Worten zu fassen oder Stärken in anderen zu sehen (Biswas-Diener 2010; Übungen: Stärken entdecken, Stärkenbrille).

VIA-Charakterstärkentest

Eine weitere und sinnvolle sowie kostenfreie Möglichkeit bietet der *Values in Acton Inventory of Strenghts (VIA)* des *VIA Instituts on Character* (www.viacharacter.org, 14.09.2016). Der Test wurde von der Universität Zürich ins Deutsche übersetzt. Auf der Seite www.charakterstaerken.org (14.09.2016) betreibt die psychologische Fakultät eine Internetseite, auf der der Test anonym durchgeführt werden kann. Die Testergebnisse können ausgedruckt und als Grundlage für eine Trainingseinheit genutzt werden. Die Erfahrung zeigt, dass der Test nicht ohne Kommentierung genutzt werden sollte. Er misst Stärken, und auch die Ergebnisse, die im Ranking auf Platz 24 stehen, bleiben Stärken und sind keine Schwächen. Von daher ist es entscheidend, den Teilnehmern die Struktur und den Aufbau des Tests zu verdeutlichen:

- Der Test misst die *Häufigkeit im Denken, Fühlen und Handeln*. Wenn ein hoher Wert entsteht, ist das ein Hinweis darauf, dass die Stärke zurzeit häufig und *gewohnheitsmäßig angewendet* wird. Stärken im unteren Bereich des Rankings finden hingegen zurzeit keine hohe Anwendung. Es gibt immer eine Rangfolge. Platz 24 bedeutet nicht, dass diese Stärke eine Schwäche ist, sondern sie bleibt eine *Stärke*. Sie findet gerade nur wenig Anwendung.
- Der Test ist keine Aussage über einen Charakter, sondern ist eine *Momentaufnahme*. Zwar sind die Werte relativ stabil (70 % Re-Test Korrelation nach vier Monaten), jedoch können sie sich ändern. Veränderung im Ranking entsteht vor allem dann, wenn einzelne Stärken trainiert und bewusst angewendet werden. Diese Veränderung ist dann Ausdruck von persönlichem Wachstum.
- Der Test eignet sich nicht zum Vergleich mit anderen, weil sich die *Werte aus dem Bezug zueinander* und aus den Antworten des Teilnehmenden ergeben. Es werden also die Stärken einer Person miteinander in Beziehung gesetzt. Der Wert entsteht durch die Art der Antworten auf die Testfragen (Blickhan 2015).

Die im Test gemessenen oberen fünf Stärken oder die Stärken zwischen 80 % und 100 % gelten als *Topstärken*, also als die Stärken, die besonders häufig in Verhalten ausgedrückt werden. Nach Biswas-Diener wären dies Stärken, mit denen sich eine Person auf authentische und energetisierende Art und Weise identifizieren kann. Nicht jeder fühlt sich aber von seinen im Test ausgewiesenen Topstärken beschrieben. In diesem Sonderfall hilft das *Konzept der Signaturstärken*. Die Signaturstärken sind Stärken mit einem hohen Identifizierungsgrad. Sie entwickeln sich im Laufe des Lebens und werden als wesentlicher Bestanteil des Selbsts angesehen. Darüber hinaus führt die Anwendung von Signaturstärken zu Freude und Erfolg, und sie können kreativ und flexibel angewendet werden. Der Einsatz dieser Stärken kostet keine, sondern spendet Energie (Blickhan 2015).

Tipps zum Umgang mit Stärken

- Es empfiehlt sich, den Stärken eine persönliche Bedeutung zu geben. Was heißt die Stärke in meinen Worten? Wie drückt diese sich bei mir aus? Mit der Entwicklung einer persönlichen Bedeutung gewinnen die Teilnehmer ein klareres Bild der Stärke. Es wird deutlicher, was eine Stärke bedeutet und auf welche Art und Weise sie ihren Ausdruck findet.
- Stärken können auch übertrieben eingesetzt werden. So kann aus Mut leicht Übermut werden. Wenn zu viel von einer Stärke eingesetzt wird, wird eine Handlung oder Situation dadurch nicht unbedingt besser. Wer zu übermütig ist, riskiert zu viel. Gleiches gilt für den untertriebenen Einsatz von Stärken. Mutlosigkeit führt möglicherweise dazu, dass wichtige Entscheidungen nicht getroffen werden. Es geht also um die goldene Mitte, in der Stärken hilfreich und nützlich sind.
- Stärken mit Emotionen zu verbinden, kann bewirken, diese besser zu verstehen. Wenn Teilnehmer über ihre Stärken reden hilft es, wenn sie konkrete Situationen beschreiben, in denen sie sie angewendet haben. Dadurch werden nicht nur Erinnerungen geweckt, sondern gleichzeitig auch Strategien zur Anwendung der Stärken bewusst und wiederholbar gemacht.
- Stärken können sich gegenseitig ergänzen und auf kreative Art und Weise kombiniert werden. Teilnehmer können ermuntert werden, ihre eigenen Stärken zu kreieren. Wenn Kreativität und Weisheit miteinander kombiniert werden, kann daraus die Stärke der „kreativen Weisheit" entstehen. Durch diese Anwendung wird die Bandbreite der persönlichen Stärken noch erweitert.

Übung: Stärken entdecken

Ziel: Sensibilisierung für das Stärken-Konzept, Trainieren der Wahrnehmung auf Stärken
Art: Kleingruppenaufgabe
Zeitbedarf: 20 Minuten
Material: Bilder von Tieren
Ort: weiträumiger Ort

Beschreibung: Jede Gruppe bekommt das Bild eines Tieres (z.B. Hund, Goldfische, Spinnen, Fliegen, Blutegel) und soll für dieses Tier die Stärken beschreiben.

Anleitung: „Bitte nehmt euch 15 Minuten Zeit und beschreibt in der Kleingruppe die Stärken eures Tieres. Fasst das Ergebnis zusammen und stellt es der Gesamtgruppe vor!"

Auswertung:
- „Wie leicht oder schwer war es, die Stärken des Tieres zu sehen?"
- „Wie seid ihr auf die Stärken gekommen?"
- „Wie überrascht seid ihr über die Fülle der Stärken?"

Quelle: Biswas-Diener (Übung vom Positive-Coaching-Kongress in Rosenheim 2015)

Übung: Stärken einbringen

Ziel: Stärken bei sich bewusst wahrnehmen und einsetzen
Art: Einzelübung
Zeitbedarf: je nach Übung/Aktion
Material: –
Ort: beliebig

Beschreibung: Die Teilnehmer sollen sich in der folgenden Interaktionsübung eine Stärke aussuchen, die sie bewusst in der Übung ausprobieren und entwickeln wollen.

Anleitung: „Bitte sucht euch eine Stärke, die ihr in der kommenden Aktion oder Übung bewusst einsetzen wollt. Lasst euch überraschen, an welcher Stelle ihr diese einsetzen könnt."

Auswertung:

- „Wie war der Einsatz der Stärke?“
- „Wann ist es gelungen, diese einzusetzen?“
- „Wozu hat der Einsatz geführt?“
- „Wie werdet ihr mit dieser Stärke zukünftig umgehen?“

Übung: Stärkenbrille

Ziel: Stärken bei anderen entdecken
Art: Gruppenübung
Zeitbedarf: je nach Übung/Aktion
Material: –
Ort: beliebig

Beschreibung: Jedem Teilnehmer aus dem Team wird vor einer beliebigen Interaktionsübung oder einem Trainingstag ein Teilnehmer zu geordnet. Dieser soll beobachtet werden. Dabei soll vor allem auf Stärken geschaut werden. In einem Feedbackgespräch werden diese Beobachtungen dann persönlich übermittelt.

Anleitung: „Bitte beobachtet während der nächsten Übung/des nächsten Tages euren Partner. Schaut, wo und wann er welche Stärken einsetzt. Achtet insbesondere darauf, welche Stärken sich am lebendigsten und spielerischsten zeigen!“

Auswertung: Die Teilnehmer geben sich gegenseitig Feedback über ihre Stärken.

Quelle: Niemiec (2014)

Übung: Stärken wecken

Ziel: Stärken mit wenig Identifikation oder wenig genutzte Stärken aktivieren
Art: Einzelübung
Zeitbedarf: je nach Übung/Aktion
Material: –
Ort: beliebig

Beschreibung: Eine wenig genutzte Stärke oder eine Stärke mit geringem Identifikationsgrad soll in einer Übung/Aktion zur Anwendung gebracht werden.

Anleitung: „Erinnere dich an eine Person, die für dich diese Stärke verkörpert. Stelle dir die Frage, was sie tut, welche Kompetenzen sie einsetzt und wovon sie überzeugt ist, damit sie diese Stärke einsetzen kann. Nur mal angenommen, du könntest ebenso handeln, was könnte man beobachten, wenn du diese Stärke anwendest? Setzte nun in der nächsten Übung diese Stärke auf deine Art und Weise ein."

Auswertung:
- „Wie war es, die Stärke anzuwenden?"
- „Wo ist es dir leicht gefallen?"
- „Was hast du getan, um die Stärke anzuwenden?"
- „Wie haben die anderen auf dich reagiert?"
- „Was war das Ergebnis?"
- „Wie wirst du zukünftig damit umgehen?"

Übung: Stärken neu einsetzen

Ziel: Stärken kreativ nutzen und Verhalten flexibilisieren
Art: Einzelübung
Zeitbedarf: je nach Übung/Aktion
Material: –
Ort: beliebig

Beschreibung: Nach der Anleitung einer Aktion oder Übung bekommen die Teilnehmer zunächst die Aufgabe sich zu überlegen, welche Stärken sie einbringen wollen und wie sie auf kreative Art und Weise eine Stärke mal anders einsetzen wollen.

Anleitung: „Nachdem ihr die Rahmenbedingungen und Ziele der Aufgabe erfahren habt, überlegt euch, welche Stärken ihr in der Aufgabe einsetzen könnt, um zum Bewältigen der Aufgabe oder der Herausforderung beizutragen. Welche dieser Stärken könnt ihr ggf. auch auf eine neue und ungewohnte Art und Weise kombinieren?"

Auswertung:
- „Welche Erfahrung habt ihr mit den Stärken gemacht?"
- „Auf welche Art und Weise habt ihr die Stärken kombiniert?"
- „Welches Ergebnis habt ihr erzielt?"

Quelle: Blickhan (2015)

Übung: Stärkenspaziergang

Ziel: stärkenorientiertes Feedback geben, Selbstwert steigern
Art: Zweierübung
Zeitbedarf: 30 Minuten
Material: –
Ort: Wald oder freies Feld mit Wegen

Beschreibung: Zwei Teilnehmer geben sich jeweils gegenseitig ein stärkenfokussiertes Feedback.

Anleitung: „Nehmt euch zunächst etwas Zeit, um zu überlegen, welche Stärken euer Partner hat. Wie drücken sich die Stärken aus? Was bewirkt der Einsatz der Stärken bei anderen?"

Auswertung:
- „Wie war es, ein stärkenfokussiertes Feedback zu bekommen?"
- „Was ist jetzt anders?"
- „Was ist die generelle Wirkung eines solchen Feedbacks?"
- „Wo kannst du diese Art des Feedbacks zukünftig einsetzen?"

Übung: Team-Stärken-Panorama

Ziel: Teamentwicklung, stärkenorientiertes Feedback, Stärkenaktivierung, Synergien
Art: Team, max. 7 Personen
Zeitbedarf: 90 Minuten
Material: Moderationskarten, Stifte, Seile, Naturmaterialien
Ort: ruhiger Ort

Beschreibung: Das Team gibt sich zuerst gegenseitig ein stärkenorientiertes Feedback und fokussiert auf die für das Team gewinnbringenden Stärken. Die Stärken werden dann auf Moderationskarten festgehalten. Das Team baut eine Skulptur mithilfe der Naturmaterialien für sich und die Stärkenkarten werden dazu gelegt.

Anleitung: „Bitte gebt euch in den nächsten 45 Minuten gegenseitig Feedback. Fokussiert dabei auf die Stärken, die für das Team und die Zusammenarbeit relevant sind. Findet anschließend eine Möglichkeit, euch als Team mit Naturmaterialien in Form einer Skulptur darzustellen und integriert dabei die Stärken!“

Auswertung:
- Blitzlichtrunde: „Wie war's?“
- „Was wisst ihr jetzt mehr als vorher?“
- „Wie ergänzen sich eure Stärken gegenseitig?“
- „Welche Stärken gilt es noch wie zu entwickeln?“
- „Welche Synergien ergeben sich?“
- „Was bedeutet das für eure zukünftige Zusammenarbeit?“

Illig, T. (2013): Die stärkenfokussierte Organisation. Methoden und Instrumente des Positiven Managements. Schäffer Poeschel Verlag, Stuttgart

Niemiec, M.R. (2014): Mindfulness and Character Strenghts. A Practical Guide to Flourishing. Hogrefe, Göttingen

Polly, Shannon, Britton, Kathryn H. (2015): Charakter Strenghts Matter. How To Live A Full Live. Positive Psychology News, USA

5 Gesundheit und Natur – Erholung in Naturräumen

Die *Natur* als *Lehr- und Lernort* bietet in Bezug auf Persönlichkeitsentwicklung und Gesundheit eine Vielzahl von empirisch nachgewiesenen Effekten. Das Spannende an den Forschungsergebnissen ist, dass die Natur als solche ohne eine aufwendige Inszenierung oder große finanzielle Mittel wirkt. In einer detaillierten Metastudie hat das aus zahlreichen Experten zusammengesetzte niederländische Health Council empirische Studien für das niederländische Gesundheitsministerium ausgewertet und mögliche gewinnbringende Wirkungen der Natur auf die Gesundheit zusammengefasst (Abb. 7).

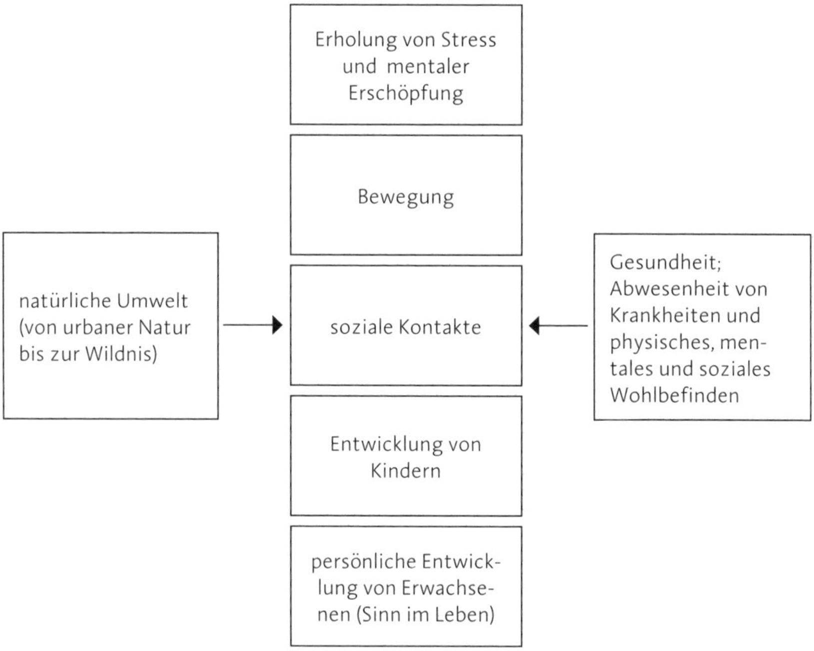

Abb. 7: Wirkung von Natur auf Gesundheit (Health Council 2004, übersetzt von Jens Schreyer)

Wilde Landschaften, wie Auen und Wälder, können Menschen ebenso wie naturnahe Umgebungen wie Parks und Gärten motivieren, sich zu bewegen. Das hat langfristig eine positive Auswirkung auf die *psychische und physische Gesundheit* (Tab. 4). Diese Effekte werden dadurch noch verstärkt, weil der Aufenthalt in der Natur in der Regel mit mehr *sozialen Kontakten* verbunden ist, die etwa durch Interessen- oder Sportgruppen ermöglicht werden.

Tab. 4: Belegte Effekte von Natur auf Gesundheit (Gebhard 2010)

physische Gesundheit	psychische Gesundheit	soziale Gesundheit
Vorbeugung bei Herzkrankheiten	Stressreduzierung	Integration
Vorbeugung von Diabetes	Erholung von geistiger Müdigkeit	Förderung der psychosozialen Entwicklung
Vorbeugung und Verbesserung von Rückenbeschwerden	Förderung kognitiver Entwicklung	
Verminderung von Übergewicht	Förderung der Konzentration	
Senkung des Blutdrucks	Induzierung positiver Gefühle (Freundlichkeit, Interessiertheit, Ruhe, Zufriedenheit)	
Vorbeugung von Schlaganfall	Abbau von Ärger und Frustration	
Förderung der motorischen Entwicklung bei Kindern	kontemplative Stimmung	
	Kreativität	
	Vergessen von Sorgen	
	bessere Bewältigung von bedeutsamen Lebensaufgaben	
	Steigerung des Selbstwertgefühls	
	Symptomminderung bei chronischen Aufmerksamkeitsstörungen	

5.1 Regeneration von mentaler Erschöpfung

Die beiden Psychologie-Professoren Kaplan und Kaplan beschäftigen sich in ihrer Forschung mit der Wirkung von Natur auf Gesundheit. Die Ergebnisse sind in ihrer *Attention-Restoration-Theorie (ART)* zusammengefasst. Sie haben herausgefunden, dass die Regeneration von *mentaler Erschöpfung* prinzipiell an jedem Ort möglich ist, der als „natürlich" empfunden wird. Mit mentaler Erschöpfung sind Phänomene wie kurzfristige Konzentrationsschwierigkeiten bis hin zu geistiger Abgeschlagenheit und Erschöpfung gemeint. Ein Aufenthalt im Wald, in den Bergen, am Meer oder im Stadtpark unterstützt die *Regeneration* und führt zum *Auffüllen der mentalen Speicher*. Hervorgerufen wird dies durch das unabsichtliche Richten der Aufmerksamkeit auf *sanft faszinierende Objekten* wie vorüberziehende Wolken, rauschende Wälder oder grüne Wiesen. Die Betrachtung dieser Objekte ist vollkommen mühelos und verbraucht wenig Energie, weil sie unmittelbar den Bedürfnissen folgt. Sich von einer Landschaft faszinieren zu lassen, fällt dann besonders leicht, wenn man sie als schön empfindet und in ihr Zeit verbringen möchte. Im Gegensatz dazu kostet das bewusste Richten der Aufmerksamkeit auf Aufgaben, Handlungen oder Ziele mentale Energie, weil ständig bewusst aktiviert werden muss. Die mentale Energie erschöpft sich dadurch nach einer Zeit (Kaplan/Kaplan 1989; Kaplan 1993). Damit sich mentale Erholung einstellen kann, müssen folgende Kriterien erfüllt sein:

- die „sanfte Faszination", die „schön" ist, aber nicht beängstigend,
- das „Wegsein", das Gefühl von Abstand zum Alltäglichen,
- eine „Weite/Ausdehnung", die Aufmerksamkeit längere Zeit bindet und
- „Kompatibilität", die Übereinstimmung von Bedürfnissen und Kompetenzen mit den Gegebenheiten und Anforderungen der Landschaft (Kaplan/Kaplan 1989).

Durch das Aufsuchen von und das Verweilen an *sanft faszinierenden Orten* haben Menschen darüber hinaus die Chance, sich vom Alltag zu entfernen und in *selbstreflexive Prozesse* einzusteigen. Diese führen dazu, dass *Gedanken geklärt* und geordnet werden können und eine *Reflexion* über aktuelle Ziele und Problemlagen stattfinden kann. Diese Art der Aufmerksamkeit nennen Kaplan und Kaplan *Restoration Attention*. Sie führt dazu, dass sich die Erholung noch verstärkt (Kaplan/Kaplan 1989; Kaplan 1993; Brämer 2008).

Übung: Der Ort der Erholung

Ziel: mentale Erholung, Sensibilisierung für die Wirkung von Natur
Art: Einzelübung
Zeitbedarf: 40 Minuten
Ort: Wälder, Wiesen oder Parkanlagen

Beschreibung: Die Teilnehmer gehen für 10–15 Minuten aufmerksam und achtsam durch die Gegend. Die Aufgabe ist, einen Ort zu finden, wo sich das Gefühl von Erholung einstellt. Wenn ein Ort gefunden wurde, bleiben die Teilnehmer 10–15 Minuten lang dort und beschäftigen sich mit der Frage: Was ist nach innen und außen wahrnehmbar?

Anleitung: „Geht langsam und achtsam durch die Gegend, verweilt an Orten, lasst euch auf sie ein, sucht andere Orte auf. Nehmt wahr, wo sich für euch das Gefühl von Erholung einstellt."

Auswertung:
- „Beschreibt euren Ort, wie sah er aus?"
- „Welche Charakteristika hat der Ort aufgewiesen?"
- „Woran habt ihr die Erholung gemerkt?"
- „Wo bei euch zuhause konnte ein solcher Ort sein?"
- „Wie könnet ihr diesen nutzen?"

5.2 Erholung von Stress

In seiner *Psychoevolutionären Theorie* konnte Ulrich (1983) durch Untersuchungen belegen, dass schon ein kurzer Aufenthalt in der Natur eine schnelle emotionale Reaktion bei Menschen auslöst. In Sekundenschnelle richtet sich die Aufmerksamkeit unbewusst auf bestimmte Merkmale in der Umgebung und bewertet diese: Ist die Umgebung gefährlich oder ungefährlich, mag ich sie oder nicht, ist sie gut oder schlecht, interessant oder uninteressant?

Entsteht durch die innere Bewertung der Eindruck eines schönen Gefühls und fühlen sich Menschen in der Natur *sicher*, kommt es nach Ulrich zu einer körperlichen Reaktion. *Entspannung* setzt ein. Gleichzeitig verbessern sich das *Wohlbefinden* und die *Stimmung*. Ähnlich wie bei der ART sind bestimmte Stimuli Voraussetzung für die Stressentlastung (Brämer 2008):

- moderate Komplexität und Fülle
- Blick auf Wasser oder Vegetation

Wissenswertes über die Wirkung der Natur

- Menschen, die im Umkreis von drei Kilometer viel Natur um sich haben, fühlen sich gesünder und klagen weniger über Gesundheitsbeschwerden.
- Ausdauerläufer, die in der Natur laufen, zeigen sich bei gleicher Streckenlänge erfrischter und zufriedener als Läufer auf dem Laufband. Diese erleben sich müder und niedergeschlagener.
- Die Natur bietet, um sich vom Stress des Alltags zu erholen, ein größeres Entspannungspotenzial als Fernsehen oder Computerspiele. Fernsehen versetzt in Trance und der Körper bleibt angespannt, Computerspiele übertragen den Arbeitsstress auf die Freizeit.
- Auch das Betrachten von Naturbildern oder Naturvideos hat einen positiven Effekt auf die Aufmerksamkeit.
- Während eines Spazierganges durch eine natürliche Landschaft reduzieren sich Ärger und Aggression, positive Emotionen nehmen zu (Brämer 2008).

Brämer, R. (2016): Natur im Alltag. In: www.natursoziologie.de, 14.09.2016

Health Council (2004): Nature And Health. The Influence of Nature On Social, Psychological And Physical Well-being. The Hague. In: www.gezondheidsraad.nl/sites/default/files/Nature_and_health.pdf, 14.09.2016

6 Wege aus dem Stress – Achtsamkeit und Flow-Erleben

Die natürlichen Erholungseffekte der Natur auf den Menschen können durch Achtsamkeitsmeditationen und Flow-Erleben verstärkt werden.

Achtsamkeit und *Flow-Erleben* sind zwei Qualitäten des menschlichen Bewusstseins, die prinzipiell jedem Menschen zugänglich sind. Das Flow-Erleben wurde in der erlebnispädagogischen Fachliteratur bereits erwähnt (Heckmair/Michl 2008), Achtsamkeit hingegen findet als Konzept hauptsächlich in der Naturpädagogik eine Anwendung (Huppertz/Schatanek 2015). Mit dem Begriff der Achtsamkeit assoziieren viele Menschen religiöse oder esoterische Praktiken. Mittlerweile setzt sich jedoch immer mehr wissenschaftliche Forschung mit Achtsamkeit als Methode auseinander und beschreibt die Wirkung der Achtsamkeitspraxis auf menschliche Entwicklung und Gesundheit (Siegel 2012; Kabat-Zinn 2013). Im Zentrum dieser Forschungsarbeiten steht vor allem Achtsamkeitsmeditation, die angewendet als Technik genutzt werden kann, um Aufmerksamkeit zu trainieren und persönliche Veränderungen zu initiieren.

Sowohl der Achtsamkeitsmeditation als auch dem Flow-Erleben (Czikszentmihályi 2015) konnten inhaltlich falsch positive Effekte auf die persönliche Entwicklung und psychische Gesundheit nachgewiesen werden.

6.1 Stress – Ein kurzer Überblick

Stress gehört zu den wesentlichen *Begleiterscheinungen* der modernen Arbeits- und Lebenswelt. Stress entsteht aber nicht durch eine Situation an sich, sondern durch die *Bewertung* dieser *Situation* und den *Mangel an Bewältigungsstrategien*.

Lazarus beschreibt dieses Verständnis in seinem *Transaktionalen Stressmodell*. Demnach werden Situationen immer als positiv, irrelevant oder potenziell gefährlich bewertet (*primäre Bewertung*). Nur Situationen, die als gefährlich eingestuft werden, können stressend sein. Lärm bspw. wird als Belastung erlebt und als Störung bewertet. In einem zweiten Schritt wird diese Bewertung mit den zur Verfügung stehenden Ressourcen und Coping-Strategien in Verbindung gebracht. Werden diese als nicht ausreichend empfunden, die Situation zu bewältigen, wird eine Stressreaktion ausgelöst (*sekundäre Bewertung*). Kommt es dann zu einem Bewältigungsversuch, entsteht eine *Neu-Bewertung*. Scheitert der Versuch, kann sich der Stress verstärken und schädliche chronische Folgen haben; gelingt er, endet die Stressreaktion. Das Ergebnis der Neu-Bewertung fließt in die zukünftigen Bewertungen ein (Lazarus/Folkman 1984). Eine Stressbewältigung kann nach Lazarus auf drei Arten stattfinden:

1. Die Situation kann durch Handlungen oder Nicht-Handlungen geändert werden. Bei Lärmbelastung bspw. wird das Fenster nicht mehr geöffnet oder eine neue Wohnung wird gesucht.
2. Der emotionale Bezug zur Situation wird geändert. Durch bspw. bewusstes Atmen in den Bauch wird eine stressreduzierende Wirkung erzielt.
3. Die Bewertung wird geändert. Bspw.: Wo Lärm ist, ist Leben (Lazarus/Folkman 1984).

Bei der Entwicklung von Stressbewältigungsstrategien können Achtsamkeit und Flow-Erleben helfen.

6.2 Achtsamkeit – Im Augenblick verweilen

> „Achtsamkeit bedeutet: Auf eine bestimmte Weise aufmerksam zu sein, bewusst, im gegenwärtigen Augenblick und ohne zu urteilen" (Kabat-Zinn 1996).

In der *Achtsamkeitsmeditation* geht es um die *Fokussierung* der Aufmerksamkeit auf einen Gedanken, eine Emotion, ein körperliches Empfinden oder einen Aspekt in der Außenwahrnehmung. Sie beinhaltet dabei eine innere Haltung, der zu Grunde liegt, den Augenblick so anzunehmen, wie er ist, ohne ihn verändern oder bewerten zu wollen. Der Kern der Aufmerksamkeit ist die Trennung von Wahrnehmung und Bewertung, also ein Erleben ohne Urteilen (Tan 2012).

Im Prozess der Achtsamkeit wird die Aufmerksamkeit auf einen bestimmten Fokus gerichtet (z.B. ein Geräusch, Atem) und bei diesem geblieben. Für gewöhnlich fängt die Aufmerksamkeit nach einiger Zeit aber an, zu wandern und sich auf andere Dinge zu richten. Geschieht dies, lenkt man die Aufmerksamkeit absichtsvoll und ohne zu werten wieder auf den ursprünglichen Fokus zurück.

Chade Meng Tan, der die Praxis der Achtsamkeit bei Google in die Unternehmens- und Personalentwicklung eingebracht hat (Tan 2012), vergleicht Achtsamkeitsmeditation mit einem körperlichen Training, dessen

Ziel es ist, den Geist zu beruhigen und aufnahmefähiger zu werden. Die Effekte sind längere Konzentration und Minimierung von Stress.

Jedes wirksame *Achtsamkeitstraining* besteht aus *Anspannung* (Fokussierung der Aufmerksamkeit) und *Entspannung* (Wandern der Aufmerksamkeit). Der Trainingseffekt entsteht durch die Wiederholung. Ziel ist es, mit der Wahrnehmung möglichst auf einem Fokus zu bleiben. Dies führt zur Entspannung des Körpers und zur Beruhigung des Geistes und der Gedanken. Gleichzeitig wird die Fähigkeit zur Selbstregulation gestärkt.

In der Praxis der Achtsamkeitsmeditation gibt es verschiedene Richtungen der Fokussierung. Nach innen kann man die Aufmerksamkeit etwa auf den Atem, den Körper, die Gedanken oder Gefühle richten, nach außen auf Geräusche, Bilder oder Objekte (Aldina 2011; Huppertz/Schatanek 2015; Tan 2012).

Es gibt zahlreiche Untersuchungen, die sich mit der Wirkung von Achtsamkeit und Meditation auf die Gesundheit und Persönlichkeitsentwicklung beschäftigen (Kabat-Zinn 2015; Siegel 2012). Zusammengefasst lassen sich im Wesentlichen folgende Wirkungen beschreiben:

- **Achtsamkeit beruhigt den Geist:** Durch das gezielte Wahrnehmen und Beobachten von Gedanken, Emotionen oder Handlungen kommt das Denken zur Ruhe. Es fällt leichter, aus dem „Gedankenkarussell“ auszusteigen und Entscheidungen zu treffen.
- **Achtsamkeit entspannt den Körper:** Obwohl Achtsamkeit nicht das Ziel hat zu entspannen, treten Entspannungseffekte ein. Mit der Beruhigung des Geistes geht eine Beruhigung des Köpers einher. Regelmäßiges Achtsamkeitstraining führt auch zu einer Stärkung des Immunsystems und der Regenerationsfähigkeit des Körpers.
- **Achtsamkeit schafft emotionale Klarheit:** Aufmerksam Gefühle zu beobachten, schafft die Möglichkeit, diese zu verstehen und besser zu verarbeiten. Es stärkt die Selbstregulationskompetenz, also die Fähigkeit, Gedanken, Gefühle und Handlungen zielgerichtet zu beeinflussen (Aldina 2011).

Tipps für Achtsamkeit

- Ein liebevoller Umgang mit sich selbst schafft eine gute Grundlage! Wenn der Geist wandert, ist das normal, das passiert jedem.
- Regelmäßigkeit ist wichtig und schon kurze Meditationen oder Achtsamkeitsübungen helfen.
- Ein passender Rahmen (Ruhe, Körperhaltung, Zeit) gehört zu jeder Achtsamkeitsübung.
- Ein langsames Steigern der Meditationsdauer ist zielführend.

- Rituale helfen, um die Achtsamkeit in den Alltagsrhythmus einzubauen.
- Schon ein einziger achtsamer Atemzug am Tag ist ein Training.

Übung: Achtsam hören

Ziel: Achtsamkeit, auditive Wahrnehmung
Art: Einzelübung
Zeitbedarf: 20 Minuten
Material: Sitzkissen, ggf. Block und Bleistift
Ort: Wald, See, Wiese

Beschreibung: Die Teilnehmer suchen sich einen Ort in der Umgebung. Die Übung kann im Sitzen oder Stehen durchgeführt werden.

Anleitung: „Nimm eine Haltung der Würde und Wachheit ein. Konzentriere dich auf die Geräusche der Umgebung. Nimm wahr, wo die Geräusche herkommen, wie weit sie weg sind, wie laut oder leise sie sind. Möglicherweise bewegen sich die Geräusche auch. Nimm wahr, wie sich die Geräusche im Laufe der Zeit verändern und nimm auch die Phasen der Ruhe und Stille zwischen den einzelnen Geräuschen wahr. Welche Geräusche fühlen sich am natürlichsten an?"
Variante: „Erstelle eine Geräuschelandkarte deiner Umgebung!"

Auswertung: in der Großgruppe
- Blitzlichtrunde: „Wie war's?"
- „Was hat sich im Laufe der Übung verändert?"
- „Wie leicht war es mit der Aufmerksamkeit auf dem Fokus zu bleiben?"
- „Welche Geräusche waren angenehm und passend?"
- „Was nimmst du für dich aus der Übung für heute mit?"

Quelle: Huppertz/Schatanek (2015)

Übung: Blick in die Landschaft

Ziel: Achtsamkeit, visuelle Wahrnehmung
Art: Einzelübung
Zeitbedarf: 20 Minuten
Material: Sitzkissen
Ort: Freifläche mit Bäumen, Waldrand, Parks

Beschreibung: Die Teilnehmer suchen sich einen Ort, von dem aus sie einen Baum beobachten können. Die Übung kann im Sitzen oder Stehen durchgeführt werden.

Anleitung: „Nimm eine Haltung der Würde und Wachheit ein. Konzentriere dich auf einen Baum in der Umgebung. Nimm den Baum in seinen Feinheiten wahr. Wie sind die Blätter und Äste? Wie sieht der Stamm aus? Wie präsentiert sich der Baum in seiner Gesamtheit? Wie spielt der Wind mit dem Baum? Was gibt es noch zu sehen? Nimm wahr, wie sich der Baum bewegt, wenn der Wind weht, und nimm auch die Phasen der Ruhe und des Stillstands wahr."

Auswertung:
- Blitzlichtrunde: „Wie war's?"
- „Was hast du alles gesehen?"
- „Was hat sich im Laufe der Übung verändert?"
- „Wenn der Baum eine Metapher wäre, wofür würde er stehen?"
- „Was kannst du vom Baum generell lernen?"
- „Was nimmst du für dich aus der Übung für heute mit?"

Quelle: Huppertz/Schatanek (2015)

Übung: Baum tasten

Ziel: Achtsamkeit, haptile Wahrnehmung
Art: Zweierübung
Zeitbedarf: 20 Minuten
Material: Augenbinde
Ort: Wald

Beschreibung: Es werden Zweiergruppen gebildet. Eine Person ist blind, eine sehend. Der Sehende führt die blinde Person achtsam und sicher zu einem Baum in der Nähe. Die blinde Person hat die Aufgabe, den Baum langsam zu erkunden.

Anleitung: „Lasst euch von eurem Partner zu einem Baum führen. Ertastet den Baum. Wie fühlt sich die Rinde an, wie warm oder kalt ist sie, wie trocken oder nass? Wie fühlen sich die Blätter oder Nadeln an? Wie die Moose oder Flechten? Wie ist das Wurzelwerk beschaffen und wie die Äste und Zweige? Welchen Geruch hat der Baum, wie hört sich das Rauschen an? Nach der Erkundung des Baumes werdet ihr zum Ausgangspunkt zurückgeführt. Nun habt ihr die Aufgabe, den Baum wieder zu finden."

Auswertung:
- Blitzlichtrunde: „Wie war's?"
- „Was hast du alles gefühlt und ertastet?"
- „Was ist beim Ertasten mit deiner Aufmerksamkeit passiert?"
- „Wenn der Baum eine Metapher wäre, wofür würde er stehen?"
- „Was kannst du vom Baum generell lernen?"
- „Was nimmst du für dich aus der Übung für heute mit?"

Quelle: Huppertz/Schatanek (2015)

Übung: Achtsamkeitsspaziergang

Ziel: Achtsamkeitstraining
Art: Einzelübung
Zeitbedarf: 15 Minuten
Material: –
Ort: Wiesen

Beschreibung: Jeder legt einen Weg fest, den er achtsam gehen möchte.

Anleitung: „Stehe bequem da. Nimm deinen Atem wahr und lenke deine Aufmerksamkeit auf den Körper. Pendele sanft nach vorne, nach hinten und seitlich, bis du das Gefühl hast, dass dein Körper zentriert ist. Verlagere nun bewusst langsam das Gewicht auf ein Bein und nimm die Veränderung wahr. Gehe in deinem Tempo langsam los und spüre, wie und wo der Fuß den Boden berührt, sich die Beine bewegen und welche Erwartungen du bei jedem einzelnen Schritt hast. Bleibe mit deiner Aufmerksamkeit beim Gehen und lenke die Aufmerksamkeit immer wieder zurück auf das Gehen, wenn du abschweifst. Gehe nun in deinem Tempo achtsam deinen Weg soweit, wie du möchtest."

Auswertung:
- Blitzlichtrunde: „Wie war's?"
- „Was hat die Qualität des Gehens ausgemacht?"
- „Was nimmst du für dich aus der Übung für heute mit?"

Quelle: Aldina (2011)

Übung: Achtsame Atemmeditation

Ziel: Achtsamkeitstraining
Art: Gruppenübung
Zeitbedarf: 10 Minuten
Material: –
Ort: Wald, Wiese, Waldrand

Beschreibung: Die Gruppe stellt oder setzt sich im Kreis.

Anleitung: „Nimm eine bequeme Haltung ein, die einen Zustand der Würde und Wachheit bedeutet. Richte deine Aufmerksamkeit auf deinen Körper und nimm wahr, was es wahrzunehmen gibt, ohne etwas verändern oder bewerten zu wollen (kurze Pause). Lenke nun deine Aufmerksamkeit auf deinen Atem und spüre den Fluss deines natürlichen Atems. Nimm das Einatmen und Ausatmen bewusst wahr (kurze Pause). Spüre, wo sich dein Atem am natürlichsten anfühlt, an den Nasenflügeln, in der Brust oder im Bauch (längere Pause). Wenn deine Aufmerksamkeit abschweift, nimm das wahr, ohne es zu bewerten und lenke sie einfach wieder zum Atem zurück (kurze Pause). Nimm auch die Pausen zwischen den Atemzügen wahr (längere Pause). Spüre, wie sich der Atem mit der Zeit verändert (längere Pause). Während du dem Atem nachspürst, lass dich überraschen, was du für dich heute aus der Übung mitnimmst. Mache langsam die Augen auf und komme wieder hier im Kreis an."

Auswertung: Gruppenauswertung
- Blitzlichtrunde: „Wie war's?"
- „Wie war es, mit der Aufmerksamkeit nur beim Atem zu bleiben?"
- „Was ist die besondere Qualität, die Gedanken einfach ziehen zu lassen?"
- „Was ist jetzt anders als vorher?"
- „Was nimmst du für dich aus der Übung für heute mit?"

Quelle: Tan (2012)

Übung: Achtsam führen

Ziel: Achtsamkeit im Kontakt
Art: Zweierübung
Zeitbedarf: 20 Minuten
Material: Augenbinden
Ort: freie ebene Fläche

Beschreibung: Es bilden sich Zweierpaare. Es gibt eine blinde und eine sehende Person. Die sehende Person hat die Aufgabe, die blinde zu führen. Dazu legt die blinde Person leicht die Hand auf das Handgelenk der führenden. Der Führende bewegt sich in der Landschaft, der Blinde folgt.

Anleitung: „Spürt zunächst den Kontakt und die Verbindung. Der Sehende beginnt mit weichen, achtsamen Bewegungen, den Blinden zu führen. Der Blinde folgt aufmerksam den Impulsen. Bei den Bewegungen zeigen Nase und Brustbein immer in Richtung Hände. Richtet eure Aufmerksamkeit auf die Verbindung. Wie ist die Qualität des Kontaktes? Wie ist das Führen und Folgen? Jeder Sehende sucht sich nun eine neue Person zum Führen. Wie verändert sich der Kontakt? Was an dem Kontakt ist anders, neu?" Blinde und Sehende wechseln schließlich die Rollen (Wiederholung der Abfolge).

Auswertung: Gruppenauswertung
- Blitzlichtrunde: „Wie war's als Sehender/Blinder?"
- „Welche Rolle ging leichter?"
- „Was hat die Qualität des Kontaktes ausgemacht?"
- „Was hat sich durch den Wechsel der Führung verändert?"
- „Was nimmst du für dich aus der Übung für heute mit?"

Übung: Gruppenpendeln

Ziel: Aufmerksamkeit im Kontakt, Verweilen im Augenblick
Art: Gruppenübung
Zeitbedarf: 30 Minuten
Material: –
Ort: ebene Fläche

Beschreibung: Die Gruppe bildet einen Innen- und einen Außenkreis. Jeder Person im Innenkreis wird eine Person im Außenkreis zugeordnet. Die Personen im Außenkreis stehen jeweils in Schrittstellung hinter der Person im Innenkreis. Diese steht mit beiden Beinen geschlossen auf dem Boden, die Arme vor dem Bauch verschränkt und die Augen geschlossen. Der Rücken zeigt zur Person im Außenkreis.

Anleitung: Alle im Innenkreis lassen sich erst langsam und vorsichtig nach hinten pendeln und werden sanft von der dahinterstehenden Person aufgefangen und wieder in die Ausgangslage gebracht. Dieser Vorgang wiederholt sich drei Minuten. Die Pendelnden nehmen dabei die Bewegung aufmerksam wahr und richten ihre Aufmerksamkeit auf das Hin- und

Herwiegen. Nun wird auf ein Zeichen (Klopfen auf die Schulter des Pendelnden) mit dem Pendeln aufgehört. Die Personen im Außenkreis gehen jeweils eine Position weiter. Das Pendeln beginnt nach einem erneuten Zeichen (zweimal auf Schulter klopfen) von vorn (vier bis fünf Wiederholungen). Außen- und Innenkreis wechseln schließlich die Positionen und die Abfolge wird wiederholt.

Auswertung: Gruppenauswertung
- Blitzlichtrunde: „Wie war's als Pendel/Sichernder?"
- „Was hat die Qualität der Bewegung ausgemacht?"
- „Was hat sich durch den Wechsel der Sichernden verändert?"
- „Was nimmst du für dich aus der Übung für heute mit?"

6.3 Flow-Erleben

Auch das Flow-Erleben kann zur Stressminimierung beitragen. Nach umfassenden Untersuchungen hat der amerikanische Psychologie Csikszentmihalyi ein Flow-Konzept aufgestellt. Das Flow-Erleben beschreibt er als ein völliges Aufgehen in einer Aufgabe. Dabei handelt es sich um einen *Bewusstseinszustand* (Flow-Erleben), der hervorgerufen wird, wenn das Zusammenspiel zwischen den Anforderungen einer Aufgabe und den eigenen Kompetenzen optimal funktioniert (Abb. 8).

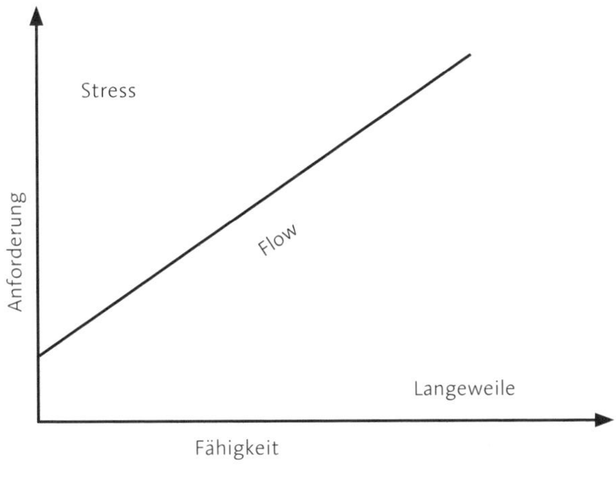

Abb. 8: Flow-Korridor

Passen Anforderung und Kompetenz nicht zusammen, entsteht kein Flow. Sind die Anforderungen in Bezug auf die Kompetenz dauerhaft zu hoch, kann Stress entstehen; sind sie dauerhaft zu niedrig, kann Langeweile entstehen. Eine bspw. Zehn-Kilometer-Wanderung bietet für normal fitte Menschen die Möglichkeit zum Flow. Ein Marathonläufer wird sich eher unterfordert fühlen und langweilen, ein kleines Kind hingegen wird mit dieser Streckenlänge sicher überfordert sein.

Csikszentmihalyi befragte viele hundert Menschen nach ihren Flow-Erfahrungen. In ihren Antworten zeigten sich immer wieder ähnliche Facetten des Flow-Erlebens, unabhängig davon, in welcher Aktivität sie ihn erfuhren:

- **Das Verschmelzen von Handlung und Bewusstsein:** Über die nächsten Schritte wird nicht nachgedacht. Die Handlungen „fließen" einfach.
- **Fokussierung der Aufmerksamkeit:** Die Aufmerksamkeit ist vollkommen auf die Tätigkeit gerichtet. Reize aus der Umwelt werden nicht mehr wahrgenommen.
- **Selbstvergessenheit:** Die eigenen Gedanken werden unwichtiger. Selbstreflexionsprozesse werden weniger.
- **Gefühl der Kontrolle:** Menschen erleben sich als kompetent, weil Anforderung und Kompetenz ideal zusammenpassen.
- **Eindeutige Handlungsforderung:** Das Ziel und die Handlungsschritte sind klar. Es gibt eine permanente unbewusste Rückmeldung auf das eigene Tun.
- **Autotelische Erfahrung:** Die Motivation ist rein intrinsisch und besteht aus der Freude am Tun.
- **Verändertes Zeiterleben:** Das Zeiterleben verändert sich, kurze Momente werden als ganz lang, lange Momente als ganz kurz wahrgenommen (Csikszentmihalyi 2015).

Das Flow-Erleben ist ein psychischer Zustand, in dem sich Menschen wirksam, motiviert und glücklich erleben. Die Wirkung dieses Erlebens wird aber erst nach Beendigung der Flow-Phase bewusst, da aufgrund der Selbstvergessenheit eine solche Reflexion nicht während des Flow-Erlebens selbst möglich ist.

Zwei Arten des Flows – Mikro- und tiefer Flow

Theoretisch kann die Bewältigung jeder Aufgabe oder Tätigkeit zu einem Flow-Erleben führen. In den ersten Untersuchungen hat Csikszentmihalyi das Flow-Erleben an Menschen untersucht, die einer lang andauernden Tätigkeit nachgehen (Chirurgen, Bergsteiger, Schachspieler, Musiker) (Csikszentmihalyi 2015). Hierbei hat er den *tiefen Flow* beschrieben. Ein tiefer Flow ist ein intensives Flow-Erleben über einen längeren Zeitraum. Ein *Mikro-Flow* hingegen ist eine Erfahrung, die zeitlich viel kürzer ist.

Blickhan weist darauf hin, dass Mikro-Flows zwar nicht so intensiv erlebt werden wie tiefe Flows, dass sie aber vor allem für die Anwendung im Alltag relevant sind (Blickhan 2015).

Wirkung von Flow-Erleben

Die Minimierung von Stresserleben durch den Flow wird vor allem durch den Aspekt der Selbstvergessenheit hervorgerufen. Wenn selbstreflexive Prozesse stark verringert werden, finden weniger Bewertungen des eigenen Tuns und der eigenen Person statt. Fragen wie „Bin ich gut genug?", „Mache ich das richtig?", „Was denken die anderen von mir?", werden nicht mehr gestellt. Dadurch kommt es zu einer psychischen Entlastung. Menschen, die regelmäßig für Flow-Erfahrungen sorgen, können besser mit Stress umgehen. Darüber hinaus werden auch noch andere Wirkungen des Flow-Erlebens beschrieben:

- Flow fördert ein angenehmes Gefühl von Zufriedenheit und Glück.
- Flow wird umso intensiver, je mehr in der Aufgabe ein Sinn gesehen wird oder eigene Ziele verwirklicht werden. Dadurch wird Sinnhaftigkeit erlebt.
- Flow fördert die Fokussierung der Aufmerksamkeit und trainiert die Konzentrationsfähigkeit. Störendes kann besser ausgeblendet, Wichtiges leichter fokussiert werden.
- Resilienz und das Selbstwertgefühl werden gestärkt.
- Persönliches Wachstum wird gefördert (Blickhan 2015).

Menschen, die häufig in den Flow gehen, lernen in unterschiedlichen Situationen, die richtige Balance zwischen Herausforderung und Fähigkeiten zu finden. Diese Balance wird nicht nur leichter gefunden, sondern sie kann auch besser gehalten werden. Die eben erwähnten Effekte des Flows potenzieren sich und es kommt zur Herausbildung einer Flow-Persönlichkeit, die Csikszentmihalyi autotelische Persönlichkeit nennt. *Autotelische Persönlichkeiten* sind Menschen, die

- Klarheit über ihre Ziele haben,
- offen sind für Feedback,
- sich gut fokussieren können,
- selbstbestimmt über ihr Handeln entscheiden und dafür Verantwortung übernehmen sowie
- sich *Herausforderungen* im Flow-Korridor selber *schaffen* (Csikszentmihalyi 2015).

Flow im Outdoortraining

Besonders geeignet für die Initiierung von Flow-Erleben im Outdoortraining sind alle ausdauernden Natursportarten. Die Wahrscheinlichkeit, dass Teilnehmer bspw. im Laufe einer Zwanzig-Kilometer-Trekkingtour in Flow kommen, ist relativ hoch. Weil Flow-Erlebnisse von den jeweils individuellen Kompetenzen abhängig sind, sind sie jedoch nicht per se planbar. Es kann also lediglich der Rahmen geschaffen werden, in denen Flow-Erfahrungen möglich sind. Teilnehmer, die in einer Aktion im Flow waren, trafen Aussagen wie „Das ging alles wie von selbst!“, „Das war wie im Rausch!“ oder „Das war total einfach, wie das ging!“ Besonders geeignet sind hierbei:

- Klettern
- Paddeln und Rudern
- Trekking
- Mountainbiken

Aber auch andere Outdooraktivitäten wie bspw. Kochen, Feuermachen oder Lagerbau haben *Flow-Potenzial*. Damit Flow-Erlebnisse in körperlichen Aktivitäten erfahren werden können, sind nach Csikszentmihalyi *fünf Aspekte* wichtig:

1. ein Gesamtziel setzten und in Unterziele aufteilen,
2. Methoden zur Messung der Zielerreichung entwickeln,
3. Konzentration auf das Tun richten,
4. Fähigkeiten entwickeln, um die Herausforderung zu meistern und
5. das Ziel höher setzen, wenn Langeweile aufkommt (Csikszentmihalyi 2015).

Übung: Nordic Walking

Ziel: Flow-Erfahrungen machen, Motivation an Bewegung fördern
Art: Gruppenübung
Zeitbedarf: 30–90 Minuten
Material: Nordic-Walking-Stöcke, Kartenmaterial
Ort: abwechslungsreiches und landschaftlich reizvolles Gelände

Beschreibung: Die Teilnehmer gehen alleine oder als Gruppe Nordic Walken.

Anleitung: „Ihr bekommt jetzt die Aufgabe, gemeinsam Nordic Walking zu machen. Dies kann alleine oder in Kleingruppen sein. Sucht euch für diese Aufgabe eines der folgenden Ziele aus:

- für eine gewisse Dauer besonders ökonomisch und fließend gehen,
- für körperliches Wohlbefinden sorgen,
- viel von der Landschaft mitbekommen.

Geht mindestens 20 Minuten."

Auswertung:
- „Wie geht es euch jetzt? Was ist der Unterschied zu vorher?"
- „Wie habt ihr die letzten 20 Minuten wahrgenommen?"
- „Was war besonders?"
- „Welche Qualität hatte diese Übung?"
- „Was könnt ihr aus der Übung lernen?"

Czikszentmihályi, M. (2015): Flow: Das Geheimnis des Glücks. 18. Auflage. Klett-Cotta Verlag, Stuttgart

Huppertz, A., Schatanek, V. (2015): Achtsamkeit in der Natur. 84 naturbezogene Achtsamkeitsübungen und theoretische Grundlagen. Junfermann Verlag, Paderborn

Kabat-Zinn, J. (2013): Gesund durch Meditation. Das große Buch der Selbstheilung mit MBSR. Knauer MensSana, München

Tan, C.M. (2012): Search Inside Yourself. Optimiere dein Leben durch Achtsamkeit. Goldmann Verlag, München

7 Auf den Weg machen – Persönliche Entwicklung und Lebensziele

Wie in Kapitel 5 beschrieben, bieten die Natur und der Aufenthalt in ihr die Möglichkeit, *selbstreflexive Prozesse* zu initiieren. Natur und Landschaften dienen als Metapher, um sich mit grundsätzlichen Fragen im Leben auseinanderzusetzen. Sie können auch dabei helfen, Bilanz zu ziehen und eine Standortbestimmung vorzunehmen, über den Sinn im Leben nachzudenken oder sich langfristige Ziele zu setzen.

Im Folgenden werden Möglichkeiten vorgestellt, mit Teilnehmern in solche Prozesse einzusteigen. Diese Art von Themen ist nicht immer einfach, daher empfiehlt sich für die Prozessgestaltung ein klarer Rahmen:

1. Es gibt einen *klaren Auftrag* seitens der Teilnehmer, sich mit diesen Thema auseinanderzusetzen.
2. Wenn die Themen im Trainingsprozess vorgesehen sind, sollte es ein *vertrauensvolles Verhältnis* innerhalb der Gruppe und zum Trainer geben.

7.1 Persönliche Entwicklung mit Metaphern und Symbolen fördern

Nach Aussagen des Health Council (2004) kann die Natur unter bestimmten Umständen Prozesse der *Sinnfindung* anregen. Dies wird vor allem durch Metaphern hervorgerufen. Naturelemente wie Bäume, Gewässer oder als besonders empfundene Orte sind dabei Symbole für Werte, Überzeugungen oder Einstellungen zum Leben. Hervorgerufen wird das, so das Health Council, vor allem durch zwei Faktoren:

1. In der Natur sind Kompetenz-, Autonomie- und soziale Bindungserfahrungen leicht wahrnehmbar. Diese drei Aspekte sind die zentralen *psychischen Grundbedürfnisse* in der *Selbstbestimmungstheorie* von Deci und Ryan (2004). Die empirisch validierte Theorie besagt: Je mehr Erfüllung dieser drei Grundbedürfnisse vorhanden ist, desto intrinsisch motivierter handelt man.

„Grundbedürfnisse stellen also einerseits wesentliche Faktoren psychischer Gesundheit dar, andererseits sind sie entscheidende Motoren menschlichen Handelns“ (Blickhan 2015, 124).

2. Durch Abstand zum Alltag in natürlichen Räumen wird nicht nur die *Erholung* gefördert. Die Erholung und die Anwesenheit von positiven Emotionen helfen auch bei der Bewältigung von Lebenskrisen, weil neue Perspektiven eingenommen werden können und Hoffnung geweckt wird (Health Council 2004).

Übung: Sinn-Symbol-Übung

Ziele: Sinnfindung unterstützen, Unbewusstes aktivieren, Werte klären
Art: Zweieraufgabe
Zeitbedarf: 2 × 20 Minuten
Material: –
Ort: Wald oder Wiese

Beschreibung: Die Teilnehmer suchen sich einen Gegenstand aus der Natur, indem sie zehn Minuten durch die Gegend gehen und sich gedanklich mit dem Thema beschäftigen.

Anleitung: „Stellt euch die Frage: Wozu ist (Tätigkeit XY) wichtig? Geht mit dieser Frage im Kopf los und wiederholt sie innerlich immer wieder. Anschließend sucht ihr euch einen Gegenstand aus der Natur, der ein Symbol für die Antwort auf diese Frage ist (zehn Minuten). Gebt den Gegenstad eurem Partner. Dieser hält euch den Gegenstand in unterschiedlichen Perspektiven ins Blickfeld. Betrachtet ihn und findet in ihm eine Metapher (‚Wenn du den Gegenstand von der Seite betrachtest, wie sieht er aus?‘). Der Partner schreibt die Antworten mit. Der Partner liest die Assoziationen zum Gegenstand schließlich nacheinander vor und stellt jeweils die folgende Frage: Inwiefern ist die Assoziation eine Antwort auf die Frage XY? Die Antworten werden notiert.“

Auswertung:
- „Welche Erkenntnisse bringt ihr mit?“
- „Was war neu?“
- „Was war eine Bestätigung?“
- „Was machst du jetzt mit den Ergebnissen?“
- „Was leitest du für dich daraus ab?“ (Tab. 5)

Tab. 5: Sinn-Symbol-Übung

Frage: ____________________

Gegenstand: ____________________

Assoziation / Metapher

	„Das sieht aus wie …?"	Inwieweit ist X eine Antwort auf die Frage?
1.		
2.		
3.		
4.		
5.		
6.		

Übung: Abstand gewinnen

Ziel: Entspannung fördern, Abstand von Problemen gewinnen, Stress reduzieren, Lösungskompetenzen aktivieren
Art: Einzelübung
Zeitbedarf: 2 × 20 Minuten
Material: –
Ort: Wälder, Wiesen oder Parkanlagen

Beschreibung: Die Teilnehmer finden einen Gegenstand, der metaphorisch für das Thema steht, zu dem sie Abstand haben wollen. Der Gegenstand wird an einem Ort postiert und ein räumlicher Abstand zum Gegenstand wird aufgebaut. Nun wird sich der Gegenstand aus unterschiedlichen Perspektiven und mit unterschiedlichen Abständen angeschaut.

Anleitung: „Sucht euch einen Gegenstand aus der Natur, der für euer aktuelles Thema (Probleme, Fragen, Ziele) steht. Findet für diesen einen von euch würdig empfundenen Platz. Alles, was mit dem Thema verbunden ist, wird gedanklich dort gelassen. Nun sucht euch einen Ort mit genügend Abstand zu diesem Gegenstand, an dem es ein Gefühl von Unbeteiligtsein und Überblick gibt, ihr ihn aber trotzdem sehen könnt. Euer Partner wird mit euch immer wieder neue Blickwinkel und Perspektiven einnehmen und Reflexionsfragen nach den Veränderungen, Erkenntnissen und Lösungsaspekten stellen. Mit jedem veränderten Blick ergeben sich möglicherweise neue Sichtweisen. Findet abschließend eine Möglichkeit, die Erkenntnisse für euch mitzunehmen."

Auswertung:
- „Was ist die Qualität an diesem Ort?"
- „Was ist hier möglich?"
- „Welche neuen Erkenntnisse kommen in Bezug auf das Thema mit diesem Abstand?"
- „Was gibt es zukünftig zu beachten, damit es gut wird?"
- „Was ist ein nächster Schritt?"

7.2 Bestandsaufnahme – Work-Life-Balance und Energien

Das Thema Work-Life-Balance ist unmittelbar mit der Frage verbunden: Wie ist der aktuelle Stand bezüglich meiner Gesundheit und meines Wohlbefindens? Ein gutes Instrument zur Analyse der Work-Life-Balance ist das Zeit-Balance-Modell von Seiwert/Tracy (2002). Es geht davon aus, dass Beruf, Familie, Gesundheit und Sinn eng miteinander verbunden sind und zu einer ganzheitlichen Betrachtung des Themas Work-Life-Balance gehören (Abb. 9).

Seiwert stellt die Frage, wie viel Zeit und Aufmerksamkeit in welche der vier Bereiche fließt?

> „Allen vier Bereichen muss genügend Zeit und Aufmerksamkeit gewidmet werden, um körperlichen und seelischen Erkrankungen vorzubeugen" (Seiwert/Tracy 2002, 31).

Es gibt zwar immer wieder Phasen im Leben, wo einem der Bereiche nicht genügend Aufmerksamkeit geschenkt wird. Kurzfristig lässt sich das abpuffern, es sollte jedoch nicht über einen längeren Zeitraum hinweg zur Gewohnheit werden.

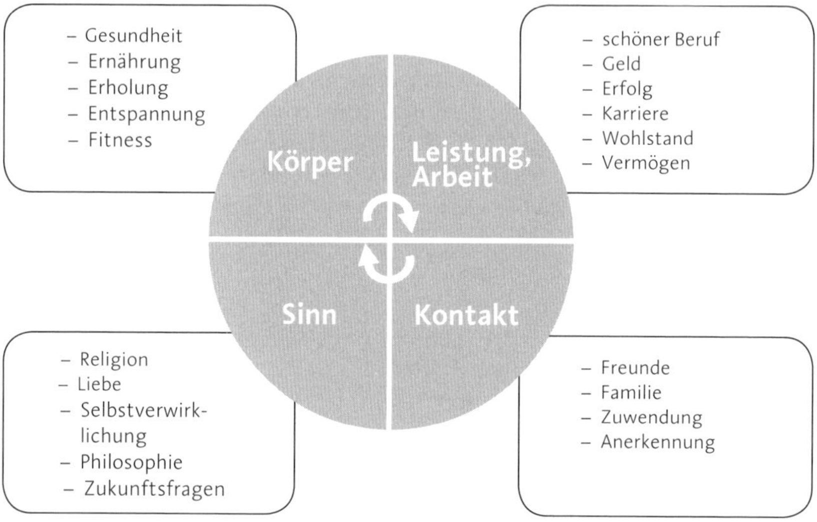

Abb. 9: Zeit-Balance-Modell (Seiwert / Tracy 2002)

Übung: Balance der Lebenswelten

Ziel: Analyse der Lebensbereiche
Art: Kleingruppenübung
Zeitbedarf: 40 Minuten
plus 20 Minuten Austauschzeit
Material: Naturmaterialien (Steine, Äste, Blätter, Blumen etc.)
Ort: Wald oder Waldrand

Beschreibung: Jeder Teilnehmer erschafft für sich in einem Landartprojekt (Skulptur, Bild o. Ä.) das Zeit-Balance-Modell und reflektiert dies in einer Kleingruppe.

Anleitung: „Erschafft ein Kunstwerk aus Naturmaterialien, das den vier Lebensbereichen entspricht. Findet für jeden Lebensbereich einen Ausdruck. Berücksichtigt dabei die Zeit und Energie, die in die einzelnen Bereiche fließt und setzt sie in einen Bezug zueinander."

Auswertung:
- „Wo ist zu viel und wo zu wenig Zeit?"
- „Welcher Bereich könnte wie entwickelt werden?"

- „Welche Ziele könnten sich daraus ergeben?“
- „Was sind die nächsten Schritte?“

Zum *Bilanzziehen* gehört auch die Fokussierung auf die Aspekte im Leben, die im Sinne der *positiven Abweichung* gut sind und Energie geben.

Übung: Das Lebensfeuer

Ziel: Klärung von Bedürfnissen, Werten, Stärken und Zielen
Art: Gruppenübung
Zeitbedarf: je nach Gruppengröße 60–75 Minuten
Material: Lagerfeuer oder Kerzen
Ort: öffentliche Feuerstelle

Beschreibung: Die Gruppe sitzt am Lagerfeuer oder jeder hat eine Kerze in der Hand.

Anleitung: Folgende Fragen werden gestellt:
- „Was hält dein Feuer am Brennen?“
- „Was gibt ihm Sauerstoff?“
- „Wo kommt das Brennmaterial her?“
- „Wer wärmt sich am Feuer?“
- „Wofür ist es wichtig, dass dein Feuer brennt?“
- „Wozu wird dein Feuer beitragen?“

Auswertung: siehe Fragen in der Anleitung

7.3 Lebensziele und Werte

Das Erreichen von Zielen ist eine wesentliche Säule des *Flourishing-Modells*. Ziele zu erreichen, bedeutet, *Selbstwirksamkeit* zu erfahren. Dabei lassen sich Kompetenzen und Stärken zielgerichtet einsetzen, positive Emotionen erleben und *Selbstaktualisierungsprozesse* initiieren. Ziele geben darüber hinaus dem Leben *Struktur* und *Richtung*. Nach Emmons (2003) sind Ziele Orientierungspunkte für *Werte*, *Sinn* und *Richtung* im Leben. Dies gilt insbesondere für intrinsisch motivierte Ziele, die stark wertegebunden sind und langfristig zu persönlichem Wachstum und *Wohlbefinden* und damit zur psychischen *Stabilität* beitragen.

Bei der Suche nach langfristigen Zielen, die dauerhaft Wohlbefinden aufbauen und glücklich machen, wurden von Emmons vier Kategorien identifiziert:

- **Kompetenzziele**: Das sind Ziele, bei denen Kompetenzen oder Stärken eingesetzt werden, um etwas selbst zu erreichen.
- **Generative Ziele**: Dies sind Ziele, wo Wissen, Erfahrungen o. Ä. im Sinn eines Mentoring an eine Generation weitergegeben werden und die einen Beitrag zur Zukunftsgestaltung leisten.
- **Spirituelle Ziele**: Das sind persönliche Ziele, die mit der eigenen Ethik und der persönlichen Sinnfindung verbunden sind und bei denen es um etwas „Höheres" geht.
- **Beziehungsziele**: Damit sind Ziele gemeint, über die Beziehungen zu anderen Menschen aufgebaut werden und die allen etwas Gutes tun (Emmons 2003).

Die Arbeit mit Lebenszielen kann in Kombination mit der Work-Life-Balance ein starker Motor für Veränderung und Wachstum sein.

Ziele setzen

Grundsätzlich lassen sich Ziele in Vermeidungs- und Annäherungsziele unterscheiden (Abb. 10).

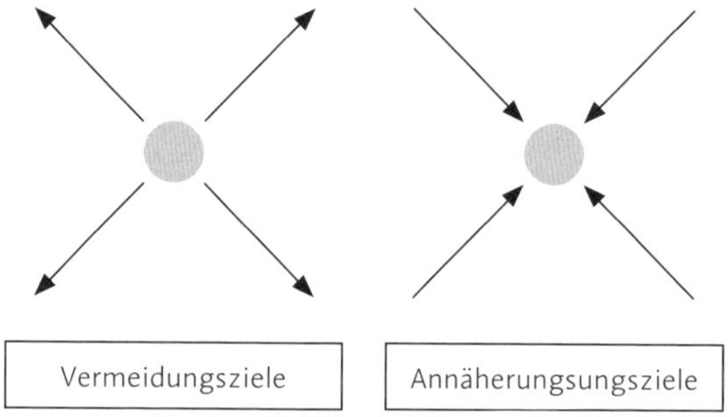

Abb. 10: Vermeidungs- und Annäherungsziele

Vermeidungsziele sind Ziele, die etwas verhindern oder hinauszögern (z. B.: „Ich will keinen Stress mehr."). Die Zielrichtung ist „weg von etwas". Annäherungsziele sind dagegen Ziele, die auf etwas hin orientieren, bei denen es um das Neuerreichen, Aufrechterhalten oder Ausbauen von etwas geht (z. B.: „Ich finde Ruhe in der Arbeit."). Diese Ziele aktivieren den Annäherungsmodus, wodurch das Erreichen des Zieles wahrscheinlicher wird (Emmons 2003; Blickhan 2015).

Übung: Ziele erleben

Ziel: Sensibilisierung für das Thema Ziele, Wirkung von Zielen erleben
Art: Gruppenübung
Zeitbedarf: 10 Minuten
Material: –

Beschreibung: Die Teilnehmer bewegen sich innerhalb eines abgesteckten Feldes. Es sollte so groß sein, dass sie beim Gehen aufpassen müssen, nicht zusammenzustoßen und dennoch genug Platz zum Gehen vorhanden ist.
Variante 1: Die Teilnehmer schlendern im Feld herum (kein Ziel).
Variante 2: Die Teilnehmer suchen sich ein Ziel am Rand des Feldes und gehen geradewegs darauf zu.
Variante 3: Die Teilnehmer suchen sich wieder ein Ziel, gehen geradewegs darauf zu, aber diesmal unter Berücksichtigung der Konsequenzen.
Variante 4: Die Teilnehmer suchen sich erneut ein Ziel und gehen darauf zu; gleichzeitig versuchen sie, die Nähe einer Person aus der Gruppe immer zu meiden (Annäherung vs. Vermeidung).

Anleitung: „Wir werden jetzt völlig durcheinander im abgesteckten Feld gehen. Nehmt einfach wahr, was passiert. Ich werde euch nach und nach verschiedene Varianten des Gehens nennen. Ihr führt diese dann aus und nehmt die Veränderung und euer persönliches Wohlbefinden wahr." (Wiederholung des Ablaufs im Zwei-Minuten-Rhythmus)

Auswertung:
- „Welche Art des Gehens war am besten?"
- „Was ist die Qualität der einzelnen Varianten?"
- „Welche der verschiedenen Varianten kann am längsten durchgehalten werden?"
- „Was bedeutet das für langfristige Ziele?"

Übung: Walk-to-Talk-Ziele

Ziel: Ziele setzen
Art: Zweierübung
Zeitbedarf: 2 × 30 Minuten
Material: Moderationskarten oder Blätter und Stifte

Beschreibung: Die Teilnehmer gehen zu zweit spazieren und unterhalten sich über ihre Ziele.

Anleitung: „Geht zu zweit zusammen und nehmt euch Zeit, über eure Ziele zu sprechen. Sucht euch einen schönen Weg, möglicherweise findet ihr auch Metaphern oder Symbole. Einer von euch wird den anderen zu seinen Zielen interviewen. Danach wird gewechselt."

Auswertung:
- „Wie ist es euch in der Übung ergangen?"
- „Welche eurer persönlichen Ziele wollt ihr hier nennen?"
- „Was nehmt ihr mit?"
- „Was werdet ihr als Nächstes tun?"

8 Gesundheit in der Team- und Führungskräfteentwicklung

Team- und Führungskräftetrainings im Rahmen von Organisationsentwicklungsprozessen gehören zum Kerngeschäft des Outdoortrainings (Schad/Michl 2004). Daher soll es in diesem Kapitel weniger um konkrete Übungen gehen, sondern vielmehr um eine Erweiterung der Sichtweise in Bezug auf das Thema an sich. Die klassischen Methoden wie bspw. Interaktionsübungen, Hoch- und Niedrigseilgärten, Planspiele sind wunderbar geeignet, um nachfolgende Inhalte didaktisch aufzubereiten.

Wie in Kapitel 1 erwähnt, können *Gesundheit* und *Wohlbefinden* im Arbeitskontext nicht losgelöst von der Organisation, der Führung und dem Team gesehen werden. Daher stellt sich die Frage, wie Führung und Teamarbeit so organisiert werden können, dass Bedingungen in Organisationen geschaffen werden, in denen *persönliches Wachstum*, *Flourishing* und *Wohlbefinden* gefördert werden. Antworten darauf gibt das *Positive Organisation Scholarship (POS)*, das die Konzepte der Positiven Psychologie auf die Organisationsentwicklung überträgt.

8.1 Gesundheit und Führung – Positive Leadership

Ein wesentlicher Vertreter der POS ist Kim Cameron, Professor für Management und Organisation an der University of Michigan. Im Modell des *Positive Leaderships* bringt er Führung und Organisationsentwicklung mit Wohlbefinden, Vitalität und Produktivität in Verbindung (Cameron 2013). Dabei definiert er Führung über das Prinzip der *positiven Abweichung* und der *Helitropie*:

- **Positive Abweichung:** *Positive Devianz* bedeutet, auf außergewöhnliche Leistungen und Stärken von Mitarbeitern, Teams und Führung zu fokussieren und ihre Entstehungsursachen zu ergründen.
- **Heliotropie**: Das Prinzip der *Heliotropie* geht davon aus, dass es leichter ist, Positives und Gelingendes weiterzuentwickeln, als an Schwächen zu arbeiten. Es geht also darum, Stärken zu stärken, positive Energien zu identifizieren und zu entwickeln und Führung daran auszurichten. Nach

Cameron ist eine Veränderung dadurch motivierender, leichter und effektiver.

Durch diese beiden Prinzipien können Organisationen geschaffen werden, in denen Menschen *wachsen* und *aufblühen*, in denen sie einer sinnerfüllten Arbeit nachgehen und die gleichzeitig vital und produktiv sind (Cameron 2013; Illig 2013). Um das zu erreichen, sieht der Positive-Leadership-Ansatz vier *Führungsstrategien* vor:

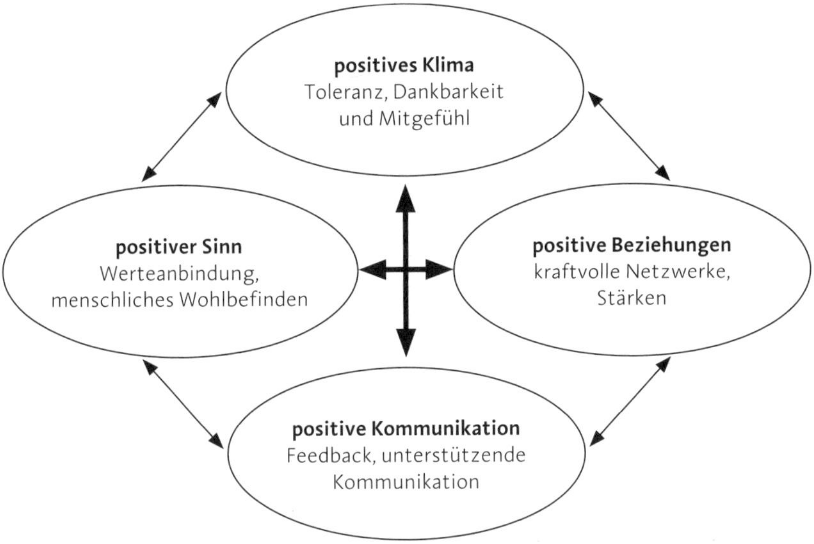

Abb. 11: Strategien des Positive Leadership (Cameron 2012)

- **Positives Klima:** Ziel ist es, ein Klima zu schaffen, in dem mehr positive als negative Gefühle erlebt werden, um die *Broaden-and-Build*-Spirale in Gang zu setzen. Zum Aufbau eines positiven Klimas gehören für Cameron
  - Dankbarkeit (z. B. Ausdruck durch Aufmerksamkeiten und Anerkennung),
  - Mitgefühl (Toleranz gegenüber jeglichen Gefühlen und adäquater Umgang mit der ganzen Bandbreite menschlichen Erlebens und Empfindens) sowie
  - Vergebung (z. B. gegenüber Fehlern, mit der Etablierung einer Fehlerkultur sowie einer wertschätzenden und respektvollen Kommunikation).

- **Positive Beziehungen:** Sie ermöglichen individuelle und organisatorische Vitalität und fördern Wachstum. Dabei liegt der Fokus auf den sogenannten „*Energy Networks*" in der Organisation oder im Team. Für Cameron gibt es vier Arten von Energien, die es zu berücksichtigen gilt:

  – psychische Energie (Konzentrationsfähigkeit)
  – physische Energie (körperliche Leistungsfähigkeit)
  – emotionale Energie (Emotionsregulation)
  soziale Energie (stärkende Beziehungen)

Psychische, physische und emotionale Energien müssen nach einer gewissen Zeit wieder aufgeladen werden, soziale Energien in Form von stärkenden Beziehungen verbrauchen sich dagegen nicht. Cameron nennt Menschen, die Energy Networks aufbauen, *Energizers*. Diese zeichnen sich aus durch

- Vertrauenswürdigkeit,
- Zuverlässigkeit und
- Authentizität.

Sie haben ein hohes Maß an Beschäftigung und die Fähigkeit, Möglichkeiten zu erkennen und Probleme zu lösen. Außerdem unterstützen sie andere beim Flourishing. Ihre Haltung zur Arbeit ist durch Dankbarkeit und Demut gekennzeichnet.

- **Positive Kommunikation:** Positive Kommunikation ist reflektierend, wertschätzend und unterstützend. Sie würdigt individuelle Stärken etwa durch

  – stärkenorientiertes und konstruktives Feedback und
  – Anerkennung von Leistungen.

- **Positiver Sinn:** Für Cameron ist Sinnerleben wichtig, weil Motivation und sinnerfüllte Arbeit eng zusammengehören. Sie sind Grundlagen für gute Arbeitsergebnisse und persönliches Wohlbefinden. Es gibt drei Arten, wie man Arbeit betrachten kann:

  – Arbeit als Job (Sicherung der Existenzgrundlage ohne weiteren Sinn)
  – Arbeit als Karriere (Arbeiten, um Karriere zu machen und aufzusteigen)
  – Arbeit als Berufung (Arbeit als persönliche Erfüllung) Die Aufgabe ist ein Beitrag zu etwas Größerem, die Motivation erfolgt vollkommen intrinsisch (Abb. 11) (Cameron 2012).

Interessant für Positive Leadership ist vor allem der letzte Aspekt, weil in ihm eine intrinsische Motivation enthalten ist, die eng mit dem persönlichen Sinnerleben verbunden ist. In empirischen Untersuchungen konnte Cameron verschiedene positive Wirkungen von Positive Leadership nachweisen:

- **Auf der Ebene der Organisation**: Steigerung von Effizienz und Effektivität in Arbeitsprozessen sowie Zunahme der Zufriedenheit der Mitarbeiter und der Identifikation mit der Organisation
- **Auf der Ebene der Mitarbeiter**: Flourishing, Verringerung des Stressempfindens und Steigerung der Arbeits- und Lebenszufriedenheit sowie Stärkung der psychischen Gesundheit (Cameron 2012, 2013).

8.2 Appreciative Inquiry – Teams positiv entwickeln

Eine hilfreiche Methode, um sich den Potenzialen und Stärken von Organisationen und Teams zu nähern, ist der Appreciative-Inquiry-Ansatz. *Appreciative Inquiry (AI)* bedeutet *wertschätzende Erkundung*. Dieser Ansatz kommt aus der Tradition der lösungsfokussierten Beratung. In den Fokus werden ausschließlich Stärken, Potenziale und herausragende Ereignisse genommen. Es geht um das Erkunden und Entdecken der „life giving forces“ (zur Bonsen/Maleh 2012, 19). Gemeint sind damit Schlüsselfaktoren, die Organisationen und Teams *Vitalität*, *Kraft* und *Stärke* geben. Die zentralen Grundannahmen des AI sind:

- „Jeder Mensch, jedes Team und jede Organisation hat ein ungeahntes großes Potential, das manchmal schon aufblitzt.
- Organisationen entwickeln sich immer in die Richtung dessen, worauf sie ihre Aufmerksamkeit richten und was sie untersuchen“ (zur Bonsen/Maleh 2012, 27).

Der AI-Prozess

Ziel des AI-Prozesses ist es, die Situationen herauszufinden, in denen das gewünschte Ergebnis oder Teile davon bereits sichtbar waren. Daraus lassen sich Bedingungen und Voraussetzungen ableiten, die für die Entstehung von herausragenden Momenten und Leistungen verantwortlich sind. Das Lernen aus diesen Situationen ermöglicht, bereits vorhandene

Kompetenzen und Erfolgsstrategien zu nutzen. Es geht also um die Entfaltung vorhandener Potenziale. In der Organisationsberatung gehören zum AI-Prozess vier Phasen:

1. **Discovery:** Das Erkunden und Verstehen sowie Wertschätzen von dem, was gut ist, und dem, was bereits da ist. Hier geht es um die Erinnerung und Kommunikation von großartigen, herausragenden Augenblicken und die Verstehbarkeit ihrer Rahmenbedingungen und Zusammenhänge.
2. **Dream:** Die Entwicklung einer positiven Vision, in der die Zukunft der Organisation in ein größeres Ganzes gestellt wird.
3. **Design:** Das Gestalten und Vereinbaren von Zukunftsaussagen. Dabei kann es sich um Fragen handeln wie „Wie wollen wir zukünftig miteinander arbeiten?“, „Wie soll unsere Kommunikation ablaufen?“, „Wie sehen unsere Kultur und Struktur aus?“.
4. **Destiny:** Das Planen und Umsetzen von Visionen und das Übersetzen dieser in konkretes Verhalten jedes einzelnen Mitarbeiters (Abb. 12) (zur Bonsen/Maleh 2012).

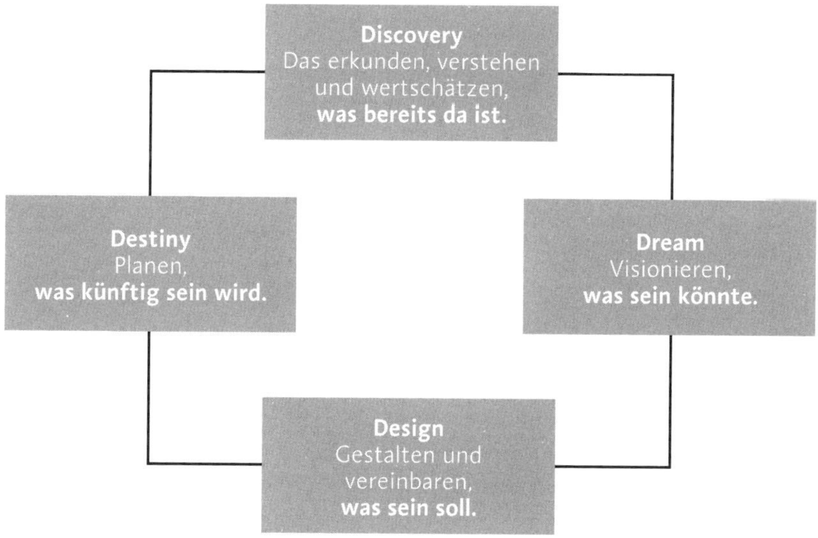

Abb. 12: Vier Phasen im Appreciative-Inquiry-Prozess (zur Bonsen/Maleh 2012, 34)

Entwicklung initiieren mit AI

Die AI-Methode ist sowohl für *Teamentwicklungen* als auch für *Großgruppenmoderationen* geeignet. Sie bringt Menschen miteinander in Kontakt, indem sie das persönliche Gespräch in den Vordergrund stellt. Der AI-Prozess sieht vor, besondere Momente der Lösungen als Geschichten erzählen zu lassen. Die Art der Geschichten (positive oder negative) setzt den Wahrnehmungsfokus, mit dem eine Organisation oder ein Team von den Mitgliedern wahrgenommen und interpretiert wird. Das Erzählen von Geschichten (*Discovery*) und das gemeinsame Entwerfen der Zukunftsvorstellungen (*Dream und Design*) ist zentrales Wirkelement der Methode. Diese Wahrnehmung richtet die Aufmerksamkeit und lenkt die Energie auf die Stärken, Potenziale und Kräfte, die zur Veränderung notwendig sind. Daraus ergeben sich verschiedene Vorteile:

- Das Zurückerinnern macht Spaß und motiviert.
- Es entsteht ein positives Selbstbild.
- Eine kollektive Vision wird entwickelt.
- Die erzählten Geschichten führen zum Abbau von Vorurteilen oder Stereotypen.
- Es wird aus vorbildlichen Beispielen gelernt, gute Ideen können übertragen werden.
- Der Glaube an die Realisierbarkeit der Vision wird gestärkt, weil sie aus tatsächlichen Gegebenheiten resultiert.
- Menschen sind mehr zur Veränderung bereit, weil das *gute Vergangene* gewürdigt wird und erhalten bleibt (zur Bonsen/Maleh 2012).

8.3 Appreciative Teambuilding

Der komplexe Beratungs- und Moderationsprozess des AI lässt sich einfach und effektiv auf kleine Interventionen in Form von Gesprächsrunden oder Walk-to-Talks herunterbrechen. Diese können im Rahmen eines Trainings leicht integriert werden, etwa als Startsequenz oder vor einzelnen Übungen. Die Ziele sind:

- die Fokussierung auf positive Ausnahmen,
- die Aktivierung bereits erlernter und erfolgreichen Strategien,
- die Gewahrwerdung unterstützender Rahmenbedingungen,
- die Aktivierung positiver Emotionen und Stimmungen sowie
- die Steigerung der Motivation im Veränderungs- und Entwicklungsprozess.

Im Folgenden werden konkrete Umsetzungen vorgestellt.

Stärken und Potenzial erkundende Fragen

Whitney et al. (2004) haben in ihrem Buch *Appreciative Teambuilding* eine Reihe von Fragen entwickelt, die im Sinne des AI in Teambuildingsequenzen eingesetzt werden können.
Die Fragen folgen einem bestimmten *Konstruktionsprinzip*:

- **Erste Phase:** In der ersten Phase des Interviews werden Erinnerungen an Situationen aktiviert, in denen ein Teil der Lösung oder die Lösung an sich bereits bewusst gelebt wurden. Dies können Verhalten, Kompetenzen, Stärken, Ziele oder Erfolgsstrategien sein. Ziele der ersten Phase sind, die Lösungen ins Bewusstsein zu rufen, die Motivation zu steigern sowie die Teilnehmer in ein Kompetenzerleben zu bringen.
- **Zweite Phase:** In der zweiten Phase werden Rahmenbedingungen und Kontext herausgefiltert, unter denen die in Phase Eins beschriebenen Lösungen möglich waren, und die zur Entfaltung der Lösung beigetragen haben. Ziele dieser Phase sind, möglichst viele Informationen zu sammeln und den Kontext zu verstehen.
- **Dritte Phase:** In der dritten Phase werden die Erkenntnisse zusammengefasst und für die Zukunft nutzbar gemacht. Die Absicht ist, herauszufinden, welche Faktoren des Kontextes und des Rahmens übernommen werden können, um eine neue stabile Lösung zu schaffen (Abb. 13).

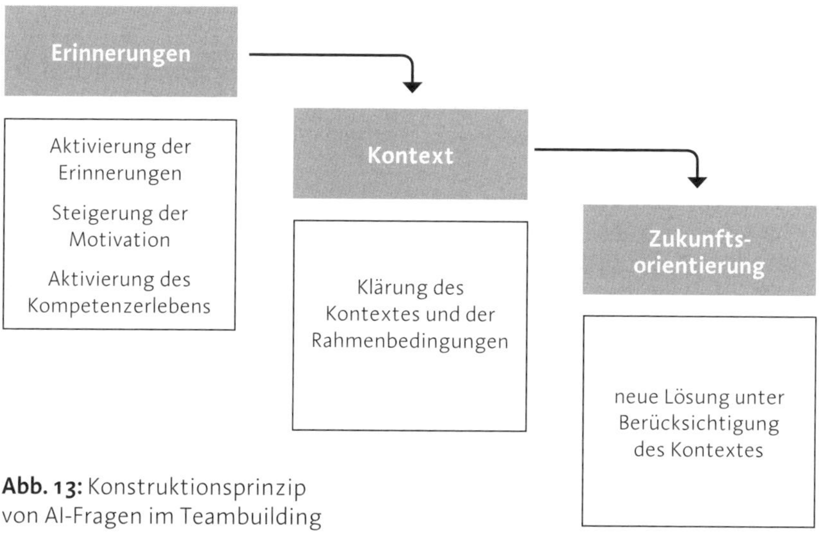

Abb. 13: Konstruktionsprinzip von AI-Fragen im Teambuilding

Damit die Fragen erfolgreich im Teambuildingprozess eingesetzt werden können, schlagen Whitney und Kollegen folgendes Vorgehen vor:

1. Entwerfen und Anpassen von Fragen an die Teamsituation und das Ziel
2. Zusammensetzten der Interviewteams
3. Erläuterung des AI-Prinzips mit dem Fokus auf die Wertschätzung des Positiven und das Erzählen von persönlichen Geschichten
4. Eröffnung der Möglichkeit, dass möglichst viele Teammitglieder viele persönliche Geschichten hören
5. Festhalten, was den Kern der erzählten Geschichten ausmacht und Sammeln von unterstützenden Rahmenbedingungen, Erfolgsstrategien, Überzeugungen und Werten
6. Visionieren der Zukunft
7. Formulieren eines Zieles
8. Ableiten von konkreten Schritten für die Umsetzung
9. Klärung von Verantwortlichkeiten und Rollen für den fortwährenden Prozess
10. regelmäßige Würdigung und Wertschätzung des gemeinsamen guten Vorgehens im Prozess (Whitney et al. 2004)

AI-Fragen-Beispiele für Positive Leadership

Frage 1: Positives Klima

1. „Erinnere dich an eine oder mehrere Situationen aus deinem Arbeitsleben, in denen du das Gefühl hattest, so sein zu dürfen, wie du bist, wo du Dankbarkeit in Form von Aufmerksamkeit und Wertschätzung erfahren hast, wo es akzeptiert wurde, dass Fehler gemacht werden, in denen du ohne Nachzudenken mitteilen konntest, wie es dir geht. Erzähle vor allem von den ganz besonderen Momenten und den Menschen, die daran beteiligt waren."
2. „Was hat dazu geführt, dass das alles möglich war? Was hast du getan? Wovon warst du überzeugt? Was hat dir die Sicherheit gegeben? Wie haben sich die Kollegen und die Führungskraft verhalten?"
3. „Was bedeutet das für dich heute? Welche wesentlichen Aspekte sollten zukünftig berücksichtigt werden, damit ein positives Klima entsteht? Was können du und jeder Einzelne tun?"

Frage 2: Positive Beziehungen

1. „Erinnere dich an eine oder mehrere Situationen in deinem Team, wo du

dich in Kontakt mit den anderen empfunden hast, wo du deine Stärken in das Team einbringen konntest und in denen du das Zusammenarbeiten als besonders leicht und angenehm empfunden hast."

2. „Was hat dazu geführt, dass es leicht und angenehm war? Wie waren die Bedingungen für die Zusammenarbeit? Was war die besondere Qualität der Situation? Wie habt ihr die Zusammenarbeit organisiert?"
3. „Was bedeutet das für dich heute? Welche wesentlichen Aspekte sollten zukünftig berücksichtigt werden, damit wertvolle und unterstützende Arbeitsbeziehungen entstehen? Was können du und jeder Einzelne tun?"

Frage 3: Positive Kommunikation

1. „Erinnere dich an eine oder mehrere Situationen aus deinem Arbeitsleben, in der du für deine Leistung eine angemessene Würdigung und Wertschätzung erfahren sowie positives Feedback und Lob bekommen hast und in der dich konstruktive Kritik persönlich weitergebracht hat."
2. „Wie war die Gesprächsatmosphäre? Auf welche Weise wurde gesprochen? Was hat die Art und Weise der Kommunikation gefördert? Welche Wirkung hatte diese Art der Kommunikation? Was war das Erfolgsgeheimnis?"
3. „Was bedeutet das für dich heute? Welche wesentlichen Aspekte sollten zukünftig berücksichtigt werden, damit die Kommunikation positiver wird? Was können du und jeder Einzelne tun? Wie sollten Kommunikationsprozesse gestaltet sein?"

Frage 4: Positiver Sinn

1. „Erinnere dich an eine oder mehrere Situationen aus deinem Arbeitsleben, in denen du das Gefühl hattest, etwas Sinnvolles zu tun, wo du voll und ganz hinter deiner Arbeit gestanden hast, wo dir klar war, wofür du die Arbeit machst und wo du das Gefühl hattest, voll hinter dem zu stehen, was du tust."
2. „Was hat dazu beigetragen, dass du so gefühlt hast? Welche inneren Überzeugungen, Motive und Gründe hast du gehabt? Wie haben deine Kollegen oder Chefs dazu beigetragen, dass du deine Arbeit als sinnvoll angesehen hast?"
3. „Was bedeutet das für dich heute? Welche wesentlichen Aspekte solltest du zukünftig berücksichtigen? Was sind deine zentralen Werte, die dich motivieren, deine Arbeit zu erledigen?"

Ein weiteres Anwendungsbeispiel gibt es in Kapitel 10.3.

Cameron, K. (2012): Positive Leadership. Strategies For Extraordinary Performance. Berrett-Koehler Publishers Inc., San Francisco

Whitney, D., Trosten-Blomm, A., Cherney, J., Fry, R. (2004): Appreciative Team Building. Positive Questions to Bring Out the Best of Your Team. iUniverse, Inc., New York, Lincoln, Shanghai

9 Outdoorprojekte

Mit den *Micro Adventures* und der *Flourish-Life-Map* werden im Folgenden zwei komplexere Aktionen vorgestellt. Beide vereinen die in den vorangegangenen Kapiteln vorgestellten Modelle zu jeweils einem Projekt. Diese Projekte heben sich von den anderen Übungen dadurch ab, dass sie inklusive Vor-und Nachbereitung über einen längeren Zeitraum hinweg (zwei bis drei Tage) und insbesondere bei der Flourish-Life-Map unmittelbar am Wohnort durchgeführt werden. Ziel beider Projekte ist die *Integration des Flourishing-Gedankens in den Alltag* der Teilnehmer.

9.1 Micro Adventures – Abenteuer erleben

Micro Adventures sind kleine Abenteuer, die maximal einen Tag umfassen. Sie lehnen sich an das *Savouringkonzept* (Bryant/Veroff 2007) an. In ihrem Buch *Savouring* beschreiben Bryant und Veroff eine Übung, die sie *Miniurlaub* nennen. Miniurlaube sind kleine Auszeiten im Alltag, die wie ein Urlaub gestaltet und genossen werden. Ziel der Übung ist es, proaktiv positive Emotionen und bewussten Genuss zu vermitteln.

Diese Idee greifen die *Micro Adventures* auf. Bei ihnen geht es um kleine Abenteuer von maximal einem Tag, die vor der eigenen Haustür stattfinden. Ziel der Micro Adventures ist, in einem begrenzten Rahmen ein Abenteuer zu erleben, das einige der folgenden Effekte schafft:

- Erleben von positive Emotionen
- Erleben von Flow
- bewusstes Genießen
- anderen etwas Gutes tun
- Förderung von Entspannung und Erholung
- Erleben eigener Stärke in einem neuen Rahmen
- Kennenlernen von eigenen Grenzen

Beim *Savouring* steht aber nicht nur das Abenteuer an sich im Mittelpunkt, sondern auch die bewusste Vorfreude und der Rückblick. Micro Adventures sind also, ähnlich wie bspw. eine Trekkingtour mit ausführlicher Tourenplanung, auf einen längeren Zeitraum innerhalb eines Tages angelegt.

Durch das Kennenlernen der Micro Adventures und der möglichen Faszination im Outdoortraining sollen Teilnehmer auch über das Training hinaus Motivation bekommen, Micro Adventures zu planen und durchzuführen. Damit die Schwelle für die Umsetzung niedrig bleibt, werden die Abenteuer in unmittelbarer Nähe des Wohnsitzes geplant. Es brauchen also keine Urlaubstage investiert werden, sondern freie Tage, etwa am Wochenende, reichen aus (Abb. 14).

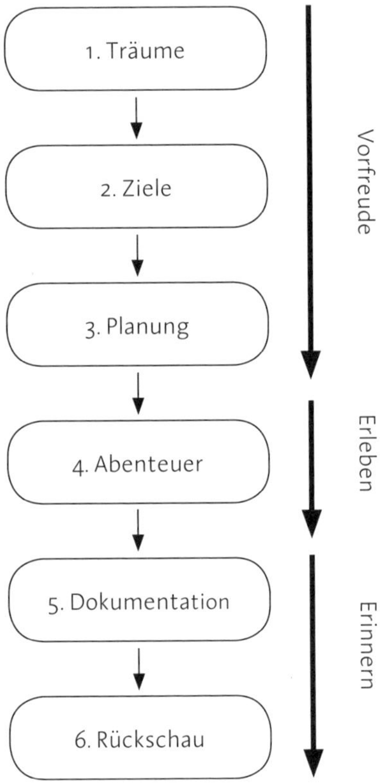

Abb. 14: Micro-Adventure-Prozess

Beispiele für Micro Adventures

Eine Teilnehmerin leiht sich einen Kompass. Sie stellt eine Marschzahl ein und geht vier Stunden dieser nach. Dabei bewältigt sie jedes Hindernis, was ihr in den Weg kommt. Sie sagt: „Ich bin an wunderschöne Orte tief im Wald gekommen, die ich niemals vermutet hätte. Irgendwann bin ich nur noch gelaufen und habe völlig die Zeit vergessen …“

Ein Teilnehmer lebt einen Tag wie ein Eremit. Er leiht sich eine Bauplane, baut sich eine spärliche Unterkunft und bleibt bis zum Sonnenuntergang ohne Handy in seiner Hütte. Er sagt: „Ich konnte mir nicht vorstellen, wie intensiv die Erfahrung ist, nur mit mir zu sein."

Eine Gruppe Studierender will von einem Aussichtsturm abseilen. Nach dem Einverständnis des Besitzers und einer Risikoanalyse seilen sie sich von einem Dreißig-Meter-Turm ab. Ein Student sagt: „Mich auf meine eigene Urteilskraft zu verlassen, war schon was Besonderes. Ich werde nie vergessen, wie der Wind im Helm gepfiffen hat, als ich aus dem Turmfenster geklettert bin."

Zwei Teilnehmer gehen bei Vollmond in den Wald und folgen dem Ruf eines Waldkauzes. Sie wollten einen Waldkauz live sehen. Sie sagen: „Wir haben zwar keinen Waldkauz gesehen. Aber bei Vollmond auf einem Hochsitz zu sitzen und andere Tiere zu beobachten, ist mindestens genauso schön."

Übung: Micro Adventure

Ziel: Flourishing, Selbstwert steigern, Kompetenz erleben, Motivation zur Bewegung, Förderung von Genuss
Art: Einzelaufgabe oder Kleingruppe
Zeitbedarf: 1–1,5 Tage im Training
Material: eine breite Auswahl an Outdoormaterialien, dem Kenntnisstand der Teilnehmer angepasst (z. B. Rucksäcke, Schlafsäcke, Tarps, Karten, Kompasse)

Beschreibung: Das Micro Adventure teilt sich in drei Phasen:

1. Hier wird das Abenteuer geplant und bewusst zum Träumen und Kreativsein eingeladen (Schritte 1–3). Es geht darum, sich möglichst spannende und attraktive Abenteuer auszudenken. Die individuelle Herausforderung ist dabei unbedingt zu beachten. Es geht nicht um „höher-schneller-weiter", sondern um die Entwicklung von Abenteuern, die zum Wohlbefinden beitragen, und Herausforderungen, die persönliches Wachstum auf eine sanfte Art und Weise fördern. Daher ist es hilf-

reich, einen klaren Rahmen zu setzen, der diese Aspekte in den Vordergrund stellt. Die Micro Adventures sollen
- zum Flourishing beitragen und mindestens einen der in Kapitel 9.1 genannten Effekte beinhalten,
- naturverträglich und ressourcenschonend sein,
- sicher und erlaubt sein,
- vor der Haustür stattfinden,
- mit wenig Materialaufwand umsetzbar sein.

2. Kern der zweiten Phase ist das Erleben des Micro Adventures (Schritt 4). Zusätzlich bekommen die Teilnehmer die Aufgabe, ihre Aktivität zu dokumentieren.

3. In der dritten Phase (Schritte 5–6) steht die Auseinandersetzung mit dem Erlebten im Vordergrund. Ziele sind, sich die positiven Aspekte wieder in Erinnerung zu rufen, das Abenteuer mental noch einmal zu erleben und es zu nutzen, um eine persönliche Lernerfahrung daraus zu ziehen oder das Erlebte mit anderen zu teilen. Mit dem Erinnern und Dokumentieren werden die positiven Momente und die damit verbundenen Emotionen noch einmal durchlebt.

Anleitung:

- Schritt 1 – Träumen: „Erstellt eine persönliche Liste mit Outdooraktivitäten, die ihr
  - gerne macht,
  - gerne mal machen würdet,
  - euch noch nie getraut habt,
  - für die ihr andere bewundert.

Auf der Liste sollten zehn oder mehr Aktivitäten stehen. Die Aktivitäten sollten in unmittelbarer Nähe ohne großen Reiseaufwand geplant werden."

- Schritt 2 – Ziele: „Stellt euch die Aktivitäten gegenseitig vor. Jeder wählt eine Aktivität aus und überlegt, welches Ziel damit verbunden ist. Bildet ggf. Kleingruppen und plant gemeinsam ein Micro Adventure oder führt ein solches durch."

- Schritt 3 – Planung: „Zur Planung des Micro Adventures benötigt ihr:
  - umfangreiches Kartenmaterial der Umgebung (topographische und Freizeitkarten),
  - einen Überblick über vorhandene Outdoormaterialien,
  - einen klaren Zeitrahmen."

Die Planung des Micro Adventures ist analog zu einer Tourenplanung. Hierbei geht es vor allem darum, *Vorfreude* zu entwickeln. Daher gehört in diesen Schritt auch die Planung von möglichen *Highlights* und die Berücksichtigung von individuellen Bedürfnissen. Bei der Planung sollten folgende Aspekte berücksichtigt werden:

- Highlights einplanen
- Materialbedarf planen
- Zeitbedarf abschätzen
- Wetterinformationen einholen

„Sprecht mit mir folgende zusätzliche Punkte ab:

- Notfallmanagement
- Risikoanalyse
- Kontaktaufnahmemöglichkeiten"

- Schritt 4 – Durchführung: „Da die Sicherheitsaspekte nun geklärt sind und alle Einzelpersonen und Gruppen mit Erste-Hilfe-Set und ausreichend Verpflegung ausgerüstet sind, könnt ihr ins Abenteuer starten. Bitte dokumentiert das Micro Adventure. Damit es in einem *sicheren Rahmen* bleibt, ist es hilfreich, wenn ihr mit mir noch folgende Punkte besprecht:
  - Zeitpunkt der *Rückkehr,*
  - Austausch von *Telefonnummern,*
  - Info über *Charakter und Gebiet* der Aktion."

- Schritt 5 – Dokumentation: „Nach dem Ende des eigentlichen Abenteuers wird eine Dokumentation erstellt. Die Dokumentation dient dazu, sich mit dem Erlebten intensiv auseinander zu setzen und es noch einmal zu erleben. Daher darf die Dokumentation auch einen intensiveren zeitlichen Charakter haben, der über den Zeitrahmen eines Trainings hinausgeht."

Ideen zur Dokumentation

- einem Freund einen Brief über das Erlebte schreiben
- eine Pinnwand zuhause gestalten
- Micro Adventure-Buch erstellen
- in sozialen Netzwerken die Aktivität teilen
- einen Videoclip produzieren

Hilfreiche Fragen zur Dokumentation

- „Was war dein persönliches Highlight?"
- „Warum wird dir dieses Abenteuer in Erinnerung bleiben?"
- „Was aus dem Abenteuer willst du mit in den Alltag nehmen?"
- „Wie wirst du dich an die positiven Momente noch in sechs Wochen erinnern?"

Auswertung:

- Schritt 6 – Rückschau: Im letzten Schritt werden Möglichkeiten entwickelt, sich an das Micro Adventure nachhaltig zu erinnern. Die *Erinnerung* sollte bewusst nach sechs bis acht Wochen stattfinden und im Terminkalender eingeplant werden. Dies kann auf kreative Art und Weise auch damit verbunden sein, mit anderen das Erlebnis zu teilen. Bewährte Methoden sind:
  - *Freunde* zum Essen einladen und eine Diashow zeigen
  - sich z.B. in *sozialen Netzwerken* oder *im elektronischen Kalender* eine Erinnerung anlegen
  - mit der Kleingruppe einen *Erinnerungsabend* gestalten
  - das eigene *Micro-Adventure-Buch* lesen

9.2 Flourish-Life-Map

Die *Flourish-Life-Map-Übung* lehnt sich an einen weiteren Klassiker der Positiven Psychologie an, die Übung *Positiver Tagesrückblick*.

In dieser Übung geht es darum, die *Wahrnehmung auf positive Abweichungen* zu trainieren und den Teilnehmern eine Liste von *persönlichen Erfolgsstrategien* an die Hand zu geben, die zum Flourishing beitragen.

Übung: Positiver Tagesrückblick

Ziel: positive Emotionen fördern, positive Wahrnehmung entwickeln, Erfolgsstrategien kennenlernen
Art: Einzelübung
Zeitbedarf: 5 Minuten
Ort: beliebig
Material: Stift und Papier

Beschreibung: Die Teilnehmer nehmen sich fünf Minuten Zeit, um sich mit folgenden Fragen zu beschäftigen:

- „Was war heute gut?“
- „Was habe ich dazu beigetragen, dass es gut wurde?“

Im Original wird diese Übung jeweils abends vor dem Schlafengehen durchgeführt. Durch die regelmäßige Anwendung wird eine positive Wahrnehmung trainiert. Durch das schriftliche Fixieren der Ergebnisse werden die individuellen Erfolgsstrategien dokumentiert.
Variante: Diese Übung kann auch im *Teamtraining* zum Transfer in eine Besprechungskultur angewendet werden.

Auswertung:
- „Was verändert sich durch die Beschäftigung mit den Fragen?“
- „Was nehmt ihr davon mit?“

Quelle: Blickhan (2015)

In der Flourish-Life-Map wird ein Portfolio, das zum Flourishing beiträgt, erstellt und sichtbar gemacht. Die Idee ist, für die Teilnehmer an einem zentralen Ort Aktivitäten und Möglichkeiten zu sammeln und sichtbar zu machen, um in unterschiedlichen Lebenssituationen für Flourishing zu sorgen.

Übung: Life-Flourish-Map

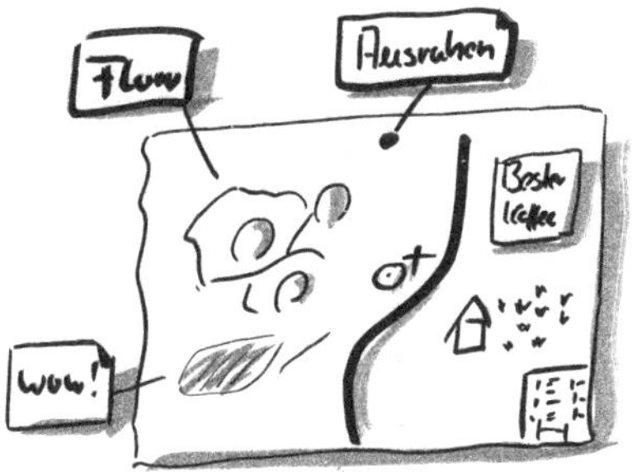

Ziel: Transferunterstützung, Flourishing, Praxisanwendung, Portfolio
Art: Einzelaufgabe
Zeitbedarf: 1–1,5 Tage
Ort: Wohnort
Material: Landkarte des Wohnortes mit einem Maßstab von max. 1:30000, Bindfäden, Post-its, Stifte, ggf. Fahrräder, Postkarten etc.

Beschreibung: Die Teilnehmer erstellen im Rahmen eines Trainings eine Karte von ihrem Wohnort und der Umgebung mit einem Portfolio an Aktivitäten, die zur Steigerung des Wohlbefindens, der Lebenszufriedenheit und zum Flourishing beitragen. Idealerweise wird sie im Rahmen eines Trainings Stück für Stück erarbeitet. D.h., die einzelnen Inhalte werden zunächst vorgestellt, und die Teilnehmer bekommen die Aufgabe, in ihrem Wohnumfeld gezielt nach Orten, Wegen und Umsetzungsmöglichkeiten zu suchen.

Anleitung: „Erstellt auf eurer Landkarte ein Portfolio an Aktivitäten. Findet Orte, Wege, Gelegenheiten, die zu Flourishing führen und Lebenszufriedenheit und Wohlbefinden steigern. Zeichnet Orte ein,

- an denen ihr Abstand bekommt,
- kreativ nachdenken könnt,
- wo es euch gut geht,
- wo euch was Schönes und Faszinierendes umgibt,
- wo ihr eure ‚Akkus' wieder aufladen könnt,
- wo ihr genießen könnt,
- wo ihr wichtige und unterstützende Menschen treffen könnt,
- wo ihr Achtsamkeitsübungen machen könnt.

Findet Wege

- des Genusses,
- mit Flow-Potenzial,
- zum kreativen Nachdenken,
- auf denen ihr euch gerne bewegt,
- die euch über Ziele nachdenken lassen."

Die Ergebnisse werden in der Karte markiert. Das Ziel hierbei ist es, eine schöne Karte für zuhause zu erstellen.

Auswertung:
- „Was wäre noch zu ergänzen?"
- „Wie werdet ihr eure Karte nutzen?"
- „Was werdet ihr konkret tun?"

10 Anwendungs- und Praxisbeispiele

Im Folgenden werden Praxisbeispiele vorgestellt. Sie sollen als Anregung dienen, um auf ähnliche Art und Weise kreativ zu werden. Die Abläufe sind den jeweiligen Aufträgen und Zielen angepasst und vor dem Hintergrund der Organisation zu sehen, für die sie entwickelt wurden. Vorgestellt wird jeweils ein Outdoortrainingstag mit den Schwerpunkten *Gesundheitsförderung*, *Team-* und *Persönlichkeitsentwicklung*.

10.1 Nordic Walking – Das gesunde Maß gegen Stress

Im nachfolgenden Beispiel wird ein Workshop zur Gesundheitsförderung beschrieben. Dabei wird Nordic Walking, also das schnelle Spaziergehen mit Stöcken, als Methode angewendet. Nordic Walking ist ohne große Mühe für jeden Teilnehmer schnell anwendbar und kann relativ leicht zum Flow-Erleben führen, da Herausforderung und Intensität selbst gewählt werden können. Dadurch können stressmindernde Effekte des Flow-Erlebens anschaulich und nachvollziehbar dargestellt werden.

Auftrag

Im Rahmen einer zweitägigen Einführung ins betriebliche Gesundheitsmanagement soll die Geschäftsführung und Abteilungsleiterebene einer Non-Profit-Organisation einen Praxisworkshop zum Thema „Erholung und Stressbewältigung im Berufsalltag“ erleben. Ein Outdoortrainingstag mit vielen Bewegungsanteilen ist dabei ausdrücklich erwünscht. Die Teilnehmer sind zwischen 35 und 60 Jahre und verfügen bereits über viel Vorerfahrung mit Outdoortrainings.

Ziele

Die Teilnehmer erfahren Anwendungsmöglichkeiten aus der Positiven Psychologie zum Thema Erholung und Aufbau von psychischen Reserven. Sie erlernen leichte und einfach umsetzbare Stressbewältigungsstrategien und bekommen die Möglichkeit, ihre eigene berufliche Situation zu reflektieren und entwickeln Anwendungsmöglichkeiten für den beruflichen Alltag.

Vorüberlegung und Konzeptionierung

Einfach umsetzbare Tipps zur Erholung und zum Aufbau von psychischen Reserven der Teilnehmer können aus der *Attention-Restoration-Theorie* (Kap. 5), der *Broaden-and-Build-Theorie* (Kap. 3) sowie der *Achtsamkeit* (Kap. 6) abgeleitet werden. Durch das intensive Erleben in den Übungen sollen die Theorien greifbar und individuelle Umsetzungsmöglichkeiten für den Berufsalltag erarbeitet werden. Zum Einstieg geht es um die Themen Erholung und Achtsamkeit.

Nordic Walking dient am Nachmittag als Methode, um die Inhalte der Broaden-and-Build-Theorie sowie des Flow-Erlebens darzustellen. Erfahrungsgemäß ist Nordic Walking eine Sportart, die bei einigen Teilnehmern zunächst eine große Skepsis hervorruft, weil das Gehen mit Stöcken als „komisch“ empfunden wird und eine Überwindung darstellt. Dieser Aspekt wird bewusst in Kauf genommen. Nordic Walking als Methode soll dabei folgende Funktionen erfüllen:

- In einem geschützten Rahmen fällt es Teilnehmern leichter, Nordic Walking auszuprobieren und zu entdecken.
- Nordic Walking als Ausdauersportart baut Stress ab und ist gesundheitsfördernd.
- Die Skepsis gegenüber Nordic Walking kann als Metapher dienen, um in einer kleinen Reflexion die Frage zu klären: „Wie abhängig bin ich vom Urteil anderer, wenn ich etwas für meine Gesundheit tue?“
- Mit Nordic Walking kann das Prinzip des Flow-Erlebens durch die Anpassung der Herausforderung an die Kompetenz sehr gut verdeutlicht werden. Indem die Teilnehmer die Aufgabe bekommen, über einen bestimmten Zeitraum (Herausforderung) ihr Tempo (Kompetenz) so anzupassen, dass sie die Herausforderung durchhalten, erhalten sie die Möglichkeit, ggf. in einen Flow-Zustand zu kommen.
- Nordic Walking ist ohne Weiteres erlernbar, weil es dem natürlichen Gang des Menschen entspricht. In diesem Zusammenhang ist nicht die richtige Technik entscheidend, sondern die Vermittlung des Spaßes an der Bewegung.

Der Transfer soll dann auf einer persönlichen Ebene im vertraulichen Zweiergespräch hergestellt werden.

Tab. 6: Ablauf Nordic Walking

Zeit	Übung	Ziel	Übungsbeschreibung
vormittags	Einstieg: Erwartungen an den Tag	Klärung der Erwartungen und Ziele	
	Übung:Gruppenpendeln	Einstimmung Achtsamkeit	Kapitel 6.2
	Übung: Achtsamkeit Blick in die Landschaft	Kennenlernen von Achtsamkeit Verstehen des Prinzips und der Wirkung Trennung von Wahrnehmung und Bewertung	Kapitel 6.2
	Übung:Der Ort der Erholung	Kriterien für Erholung in der Natur kennenlernen	Kapitel 5.1
	Auswertung: persönliche Strategien der Erholung erkunden und entwickeln	Transfer in den beruflichen Alltag	
Mittagspause			
nachmittags	Einführung: Nordic Walking	Bewegungsmuster und Technik kennenlernen Abbau von Hemmungen ggf. Minireflexion „Gesundheitsverhalten und Außenwirkung"	
	Übung: Pleasure Walk mit Nordic-Walking-Stöcken	Sensibilisierung für Wahrnehmung positive Emotionen erleben Broaden-and-Build-Effekt erleben	Kapitel 3.4
	Input Broaden-and-Build	Wirkung von positiven Emotionen erläutern	Kapitel 3
	Auswertung: Wo erlebe ich positive Emotionen im beruflichen Alltag?	Transfer	
	Übung: Nordic-Walking-Sequenz in verschiedenen Variationen	Gespür für die eigene Belastungsgrenze bekommen Vorbereitung Flow-Übung	siehe nachfolgende Beschreibung
	Übung: Nordic Walking im Flow	Erfahrungen mit dem Flow-Korridor machen Belastungen einschätzen lernen ggf. Flow erleben	Kapitel 6.3
	Input Flow und Stress Auswertung	Reflexion des Berufsalltags Möglichkeiten von Flow im Job	Kapitel 6.1
	Transfer: – Walk to Talk – Was war heute neu? – Was hat sich für mich im Umgang mit Stress verändert? – Welche Ziele entstehen für mich daraus? – Was gibt es hierbei zu beachten? – Was werde ich konkret anwenden? – Was wird mein erster Schritt sein?	Transfer	Kapitel 11

Ablauf

Im Folgenden werden die Übungen aus dem Ablaufplan vorgestellt, die bisher noch nicht im Buch beschrieben wurden. Verweise zu den bereits beschriebenen Übungen bietet Tabelle 6.

Übungsbeschreibungen im Kontext des Ablaufs und Auftrags

Der in Tabelle 6 dargestellte Ablaufplan greift die konzeptionellen Vorüberlegungen auf. Der Einstieg in den Outdoortrainingstag erfolgt sanft über die Themen Achtsamkeit und Naturerholung. Nordic Walking als Methode wird am Nachmittag durchgeführt, um das Flow-Konzept inhaltlich zu bearbeiten. Der Tag schließt dann mit einem Transfer ab.

Übung: Nordic Walking in verschiedenen Variationen

Ziel: Gespür für eigene Belastungsgrenzen bekommen, Nordic Walking in seinen unterschiedlichen Facetten erleben, Flow-Erfahrungen ermöglichen
Art: Gruppenübung
Zeitbedarf: 45 Minuten
Material: Nordic-Walking-Stöcke
Ort: abwechslungsreiches Gelände, mit Steigungen, ebenem Gelände, Wald und Wiese sowie normalen Wegen

Beschreibung: Die Gruppe geht zusammen in verschiedenen Variationen:

- bergauf und bergab,
- befestigtes und wegloses Gelände,
- schnell und langsam im Wechsel.

Anleitung: „Wir gehen jetzt in unterschiedlichen Variationen gemeinsam als Gruppe. Geht einfach mit und spürt den Unterschied:

- Was fällt leicht, was schwer?
- Was ist herausfordernd?
- Was macht Spaß, was weniger?“

Auswertung:
- „Was war leicht, was war schwer?"
- „Was hat euch herausgefordert?"
- „Was hat Spaß gemacht?"

10.2 Stärkenorientierte Teamentwicklung

Die Arbeit mit Stärken wird von vielen Teilnehmern als sehr motivierend und energetisierend wahrgenommen und beschrieben. Sie ist im Outdoortraining problemlos mit Interaktionsübungen kombinierbar. Eine Integration des Stärkenmodells in ein klassisches Outdoorteamtraining wird im Folgenden dargestellt.

Auftrag

Ein Team aus zwölf Mitarbeitern aus der Sozialwirtschaft will sein gutes Klima weiterentwickeln. Angesetzt ist ein zweitägiges Training. Ein Tag soll mit Outdoorübungen gestaltet sein. Im Training sollen individuelle Stärken und Synergieeffekte thematisiert und herausgestellt werden. Vorbereitet wurde der Outdoortrainingstag durch das Ausfüllen des VIA-Charakterstärkentests (Kap. 4).

Ziele

Jedes Teammitglied lernt die eigenen Stärken besser kennen. Das Team klärt die eigenen Stärken, setzt sie zukünftig bewusster ein und geht positiv aus dem Training. Das „Wir-Gefühl" ist gestärkt.

Vorüberlegung und Konzeptionierung

Ausgangspunkt des Outdoortages ist die Auswertung des VIA-Charakterstärkentests und die Thematisierung von Charakter- und Signaturstärken. Einzelne Charakterstärken sollen in einer Interaktionsübungskette zunächst bewusst und anschließend neu angewendet werden. Danach erhält jedes Teammitglied ein *stärkenorientiertes Feedback*, um ggf. das eigene Selbstbild zu aktualisieren und möglichen Stärkenblindheitseffekten entgegenzuwirken.

Aus den Stärken ergibt sich ein *Stärkenpanorama*, was durch ein Landartprojekt dargestellt wird. Den Abschluss bildet der *Vehikelbau* als eine komplexere Outdoorübung, um die Teamstärken bewusst anzuwenden. Der Transfer erfolgt im gesamten Team, mit konkreter Umsetzungsplanung.

Ablauf

Im nachfolgenden Ablaufplan gibt es eine Darstellung der eben beschriebenen Vorüberlegungen (Tab. 7).

Tab. 7: Ablauf stärkenorientierte Teamentwicklung

<table>
<tr><th>Zeit</th><th>Übung</th><th>Ziel</th><th>Übungsbeschreibung</th></tr>
<tr><td rowspan="4">vormittags</td><td>Auswertung Charakterstärkentest</td><td>Verständnis des Ergebnisses, Klärung von Fragen</td><td>Kapitel 4</td></tr>
<tr><td>Übung: Elektrischer Draht</td><td>Charakterstärken bewusst anwenden</td><td>siehe nachfolgende Beschreibung</td></tr>
<tr><td>Übung: Die Gratwanderung</td><td>Charakterstärken neu anwenden</td><td>siehe nachfolgende Beschreibung</td></tr>
<tr><td>stärkenorientiertes Feedback</td><td>blinde Flecken aufdecken, „Wir-Gefühl“ stärken, Selbstbild aktualisieren</td><td>Kapitel 4.3</td></tr>
<tr><td colspan="4">Mittagspause</td></tr>
<tr><td rowspan="3">nachmittags</td><td>Übung: Team-Stärken-Panorama</td><td>Synergieeffekte, Transparenz über die Stärken im Team</td><td>Kapitel 4.3</td></tr>
<tr><td>Übung: Vehikelbau</td><td>Teamstärken anwenden</td><td>siehe nachfolgende Beschreibung</td></tr>
<tr><td>Transfer:
– Was nehmt ihr aus dem Tag mit?
– Was wollt ihr konkret umsetzen?
– Wer fühlt sich für die Umsetzung verantwortlich?</td><td>Transfer</td><td></td></tr>
</table>

Übungsbeschreibungen im Kontext des Ablaufs und Auftrags

Im Folgenden werden die Übungen aus dem Ablaufplan vorgestellt, die bisher noch nicht im Buch beschrieben wurden. Verweise zu den bereits beschriebenen Übungen gibt es in Tabelle 7.

Übung: Elektrischer Draht

Ziel: Stärken bewusst einsetzen
Art: Gruppenübung
Zeitbedarf: 45 Minuten
Material: Seil
Ort: Wiese mit Bäumen, absprungsicheres Gelände

Beschreibung: Zwischen zwei Bäumen wird max. auf Bauchnabelhöhe des größten Teilnehmers ein Seil gespannt. Die Gruppe soll von der einen Seite des Seils auf die andere Seite gelangen, ohne das Seil zu berühren. Wird das Seil berührt, müssen alle wieder zurück.

Anleitung: „Nehmt wahr, welche Charakterstärken ihr und auch die anderen während der nächsten Übung bewusst einsetzen. Aufgabe ist, das Seil zu passieren, ohne es zu berühren. Dazu gibt es folgende Regeln:

- Bäume dürfen nicht genutzt werden.
- Jeder wird von den anderen gesichert und unterstützt.
- Kein Springen und Werfen.
- Kein Treten auf die Wirbelsäule."

Auswertung: stärkenorientiertes Feedback

Quelle: Dewald/Häußer (2005)

Übung: Die Gratwanderung

Ziel: Stärken neu einsetzen
Art: Gruppenübung
Zeitbedarf: 60 Minuten
Material: Slackline und Vierzig-Meter-Seil
Ort: Wiese mit Bäumen, absprungsicheres Gelände

Beschreibung: Zwischen zwei Bäume mit einem Abstand von sechs bis sieben Metern wird eine Slackline gespannt. Die Gruppe bekommt die Aufgabe, komplett von der einen Seite auf die andere Seite zu wechseln, ohne dabei den Boden oder eine sichernde Person zu berühren. Wenn dies geschieht, müssen alle wieder zurück.

Anleitung: „Eure Aufgabe ist es, die Slackline zu überqueren ohne den Boden zu berühren. Als Hilfsmittel habt ihr ein Seil. Das Seil darf erst genutzt werden, wenn der Erste über die Slackline geht. Beim Überqueren der Slackline sichert ihr euch gegenseitig, indem jeweils eine Person links und rechts mit den Armen zum Körper des Überquerenden steht. Nimmt dieser eine Hilfestellung durch Sicherung in Anspruch oder berührt er den Boden, geht die Übung für alle von vorne los."

Auswertung: stärkenorientiertes Feedback

Quelle: Sonntag (2010)

Übung: Vehikelbau

Ziel: Anwenden der Stärken und bisherigen Erkenntnisse
Art: Gruppenübung
Zeitbedarf: 90 Minuten
Material: pro Team zwei Regalbretter, vier Zwei-Meter-Schnüre, vier Kanthölzer, eine leere Kiste, diverse Materialien zum Schmücken (Klobürsten, Schwämme, Abtropfsiebe, Pinsel, Besen etc.)
Ort: unüberschaubares Gelände

Beschreibung: Das Gesamtteam bekommt die Aufgabe, innerhalb von 75 Minuten ein Vehikel zu bauen. Dazu wird das Gesamtteam in verschiedene Kleinteams (3–4 Personen) aufgeteilt. Jedes Kleinteam erhält einen eigenen Standort, an dem keine Kommunikation mit den anderen Teams möglich ist. Der Auftrag ist, dass alle Teams exakt das gleiche Vehikel bauen. Dazu bekommt jedes Team exakt die gleichen Baumaterialien. Zur Abstimmung der Gruppen wird ein Konferenzort eingerichtet, wo jeweils immer eine Person aus jedem Team hinkommen darf. Es gelten folgende Regeln:

- Es gibt insgesamt 75 Minuten Bauzeit.
- Alle Teams zusammen haben zehn Minuten Konferenzzeit.
- Eine Konferenz darf max. zwei Minuten dauern.
- Zu jeder Konferenz kommt ein neues Teammitglied.
- Es dürfen keine Aufzeichnungen gemacht und keine Gegenstände zur Konferenz mitgebracht werden.
- Fotos und SMS sind nicht erlaubt.

Anleitung: „In der nächsten Aufgabe bekommt ihr die Möglichkeit, alle eure neuen Erkenntnisse anzuwenden. Nach der Aufgabenstellung könnt ihr noch fünf Minuten lang euer gemeinsames Vorgehen abstimmen."

Auswertung: Transfer (Tab. 7, letzte Zeile)

10.3 Charakterstärken entwickeln – Mutig in die Zukunft

Das letzte Fallbeispiel zeigt die Anwendungsmöglichkeit im Bereich der Persönlichkeitsentwicklung. Im Speziellen geht es um die Entwicklung der Tugend *Mut* durch die Entwicklung der dazugehörigen Charakterstärken.

Auftrag

Im Rahmen eines fünftägigen pädagogischen Seminars setzt sich eine Gruppe junger Erwachsener aus dem Freiwilligen Sozialen Jahr (FSJ) mit dem Thema Zukunftsplanung auseinander. Innerhalb des Seminars findet ein Outdoortraining mit dem Titel „Mutig in die Zukunft" statt. Für das Outdoortraining ist ein Tag vorgesehen. Die Teilnehmer haben sich im Vorfeld schon mit Charakterstärken beschäftigt.

Ziele

Die Teilnehmer sollen sich mit dem Thema Mut auseinandersetzen und mehr Selbstsicherheit erlangen. Sie sollen einen herausfordernden Tag erleben.

Vorüberlegung und Konzeptionierung

Im Modell der Charakterstärken wird *Mut als eine Tugend* beschrieben. Sie beinhaltet die Charakterstärken *Tapferkeit*, *Ausdauer*, *Lebenskraft* und *Authentizität*. Wie in Kapitel 4 beschrieben, bedeutet dies unter anderem

- sich auf Neues einzulassen,
- Dinge auch gegen Widrigkeiten zu Ende zu bringen,

- Verantwortung für eigenes Handeln zu übernehmen und
- das Leben als Abenteuer zu sehen.

Diese Facetten spielten bei der Planung des Programms und der Übungen eine wichtige Rolle, die Outdooraktivitäten sollen diese abbilden. Ausgewählt werden *AI-Fragen* und *Vertrauensübungen* zum Einstieg sowie *Felskletter- und Slacklineelemente* zur Vertiefung der Inhalte. Die Vertrauensübungen haben zum Ziel, sich mit der Tugend auseinanderzusetzen und das eigene Verständnis von Mut zu klären.

Die einseitige Ausprägung einer Tugend oder Stärke beinhaltet jedoch auch immer die Gefahr, dass zu viel von ihr angewendet wird. Zu viel Mut kann bspw. zu Leichtsinn und damit zu unüberlegten Handlungen oder Entscheidungen führen. Im Sinne des *Öko-Checks* (Kap. 11) ist dieser Aspekt im Training auch zu berücksichtigen. Daher wird in diesem Zusammenhang auch über die übertriebene Anwendung der Tugend Mut gesprochen. Mit der Übung „Zieh mich, stoß mich" soll verdeutlicht werden, wie es sich anfühlt, in Balance zu sein.

In Kombination mit dem Komfortzonenmodell (Kap. 2) sind diese Überlegungen die Grundlage, um eine *Kletteraktion* durchzuführen. Wie mutig bin ich, eine subjektiv schwierige Route zu klettern und wie viel Umsicht habe ich, die Grenze der Lernzone zu erkennen? Der Transfer soll dann auf einer persönlichen Ebene im vertraulichen Zweiergespräch hergestellt werden.

Ablauf

Die beschriebene Konzeptionierung zeigt Tabelle 8.

Tab. 8: Charakterstärken entwickeln

Zeit	Übung	Ziel	Übungsbeschreibung
vormittags	Erwartungen und Ziele		
	AI-Fragen: – Wann war ich schon mal mutig? – Welche Rahmenbedingungen gibt es? – Was bedeutet das für die zwei Tage?	Aktivierung der Charakterstärke Klärung der Rahmenbedingungen	Kapitel 8.3
	Übung: Blinder Rückwärtslauf	Aufbau von Vertrauen, sich auf Neues und andere einlassen	siehe nachfolgende Beschreibung
	Übung: Blinder Lauf	sich auf ungewöhnliche Dinge mit offenem Ausgang einlassen	siehe nachfolgende Beschreibung
	Übung: Zieh mich, stoß mich	Metapher für die übertriebene Anwendung von Stärken, Stärken in Balance bringen	siehe nachfolgende Beschreibung
		Mittagspause	
nachmittags	Komfortzonenmodell: Das Modell dient zur Erläuterung von Grenzen. Mutig ist, wer die Grenze akzeptiert, und nicht, wer sie überschreitet.	Modell zur Regulierung der Stärken	Kapitel 2
	Übung: Klettern mit verschiedenen Schwierigkeitsgraden	Mut und Umsicht anwenden	siehe nachfolgende Beschreibung
	Walk to Talk: – Was habe ich über Mut gelernt? – Was bedeutet das für mich und meine Stärke? – Wie werde ich die Stärke zukünftig einsetzten? – Woran werden ich und andere das merken?		Kapitel 11

Übungsbeschreibungen im Kontext des Ablaufs und Auftrags

Im Folgenden werden erneut die Übungen aus dem Ablaufplan vorgestellt, die bisher noch nicht im Buch beschrieben wurden. Verweise zu den bereits beschriebenen Übungen bietet Tabelle 8.

Übung: Blinder Rückwärtslauf

Ziel: Aufbau von Vertrauen, Entdecken von Mut
Art: Zweierübung
Zeitbedarf: 2 × 10 Minuten
Material: Augenbinde
Ort: ebenes Gelände

Beschreibung: Eine Person läuft blind rückwärts. Die andere Person schützt vor Schäden und greift nur ein, wenn es zur Sicherheit notwendig ist.

Anleitung: „Einer läuft mit verbundenen Augen rückwärts. Der andere sorgt für Sicherheit und achtet darauf, dass es keine Verletzungen gibt."

Auswertung:
- „Was hat diese Übung mit Mut zu tun?"
- „Was braucht es, um mutig zu sein?"

Übung: Blinder Lauf

Ziel: sich auf Ungewöhnliches und Neues einlassen
Art: Gruppenübung
Zeitbedarf: 45 Minuten
Material: Plane oder Seil, Augenbinde
Ort: ebenes Gelände

Beschreibung: Eine Person läuft mit verbundenen Augen ca. 20 Meter so schnell, wie sie kann. Die Gruppe sorgt dafür, dass sie sanft mithilfe des Seils oder der Plane abgestoppt wird.

Anleitung: „Laufe so schnell, wie du kannst, mit verbundenen Augen. Die anderen werden dich auffangen und sanft abstoppen. Bevor jemand läuft, besprecht euch, was derjenige braucht, damit es für ihn so sicher und gut ist, dass er sich gut einlassen kann."

Auswertung:
- „Wann lasst ihr euch auf Neues ein?"
- „Wie könnt ihr im Alltag dafür sorgen, euch auf Neues einzulassen?"

- „Was könnt ihr demnächst Neues ausprobieren?“
- „Wem werdet ihr davon berichten?“

Übung: Zieh mich, stoß mich

Ziel: Balance finden
Art: Gruppenübung
Zeitbedarf: 60 Minuten
Material: zwei Slacklines, Bandschlinge, Karabiner, Einfachrolle und Statikseil
Ort: Baumbestand, absprungsicheres Gelände

Beschreibung: Die Slacklines werden in V-Form gespannt. An dem Baum, wo beide Slacklines angeschlagen sind, wird auf Brusthöhe eine Rolle mittels Bandschlinge und Ankerstich befestigt. Durch die Rolle wird ein Statikseil gezogen. Auf jeder Slackline steht ein Teilnehmer. Beide haben ein Ende des Statikseils in der Hand. Ziel ist es, dass beide Teilnehmer zur Rolle gelangen, ohne von der Slackline zu fallen. Jeder Teilnehmer auf der Slackline wird durch mindestens zwei weitere Teilnehmer gespottet (vor dem Herunterfallen geschützt).

Anleitung: „Findet das richtige Maß an Balance, Zug und Tempo, um gemeinsam zur Rolle zu kommen. Achtet dabei aufeinander.“

Auswertung: „Was hat geholfen? Was bedeutet für euch, in Balance zu sein? Wenn ihr an die Stärke Mut denkt, wozu führt zu viel Mut? Wozu führt zu wenig Mut? Woran werdet ihr merken, dass ihr die Stärke Mut genau richtig einsetzt?“

Quelle: Bernhard et al. (2015)

Übung: Klettern mit verschiedenen Schwierigkeitsgraden

Ziel: Charakterstärken Mut und Umsicht anwenden
Art: Gruppenübung
Zeitbedarf: 3–4 Stunden
Material: Gurte, Seile, Helme, Schlingen, Sicherungsgeräte, Karabiner, Seile
Ort: Fels mit Schwierigkeitsgraden 3–6, Überhang

Beschreibung: Klettern mit Trainersicherung. Jeder Teilnehmer sucht sich eine Herausforderung.

Anleitung: „Suche dir eine Route und finde das richtige Maß an Mut und Umsicht. Sei sensibel, wann es dir auf der Route noch gut geht und ab wann du dich dafür entscheidest, dass es dir besser geht, wenn du abgelassen wirst."

Auswertung: Die Auswertung der Kletteraktion findet mit den in Tabelle 8 formulierten Fragen des Walk-to-Talks statt.

11 Persönlichkeitsentwicklung und Transfer

Transfer beschreibt „[...] die Übertragung von Wissen, erlernten Fertigkeiten, Fähigkeiten und Erkenntnissen, Haltungen und Werten einer Lernsituation in andere ähnliche oder vergleichbare Kontexte" (Zuffellato/Habiba-Kreszmeier 2007, 161).

Für das Thema Persönlichkeitsentwicklung greift dieses klassische Verständnis von Transfer allerdings zu kurz, denn hier geht es zusätzlich um die *Veränderung persönlicher Einstellungen, Denk- und Wahrnehmungsmuster* sowie die *Klärung von Zielen, Werten* und *Rollenverständnissen* innerhalb einer Person.

11.1 Möglichkeiten von Persönlichkeitsentwicklung im Training

Wenn ein Outdoortraining Persönlichkeitsentwicklung und Gesundheitsförderung zum Gegenstand hat, bleibt die Frage, was innerhalb eines einzelnen, oft kurzen Trainings überhaupt erreicht werden kann. Die in diesem Buch vorgestellten Theorien und Modelle geben *Ideale der Entwicklung* vor: *Fully Functioning Person* (Rogers 1991), Flourishing (Keyes 2002) und positive Grundhaltung (Fredrickson 2001). Diese Entwicklungsziele bleiben im Rahmen eines ein- bis zweitägigen Trainings jedoch nur ein erster Schritt und können in diesem Rahmen bestenfalls angestoßen werden.

Ein Training ist kein Coaching: Ein Coaching begleitet Veränderungsprozesse langfristig, ein Training setzt Impulse und regt Veränderungen an. Dabei sind die Klärung von *persönlichen Entwicklungszielen* der Teilnehmer und ihre *Strategien* zur Zielerreichung für den Transfer von besonderer Bedeutung.

Zusätzlich fällt ein Aspekt weg, der in klassischen Outdoortrainings den Transfer erleichtert: die soziale Kontrolle des Ergebnisses durch die Kollegen oder die Führungskraft. Die Umsetzung vereinbarter Vorgehensweisen zur Teamarbeit unterliegt stärker einer sozialen Kontrolle als regelmäßige Erholungspausen alleine in der Natur oder der bewusste

Einsatz von Stärken. Somit werden andere Anforderungen an den Transfer und den Prozess gestellt als in einem klassischen Teamtraining.

11.2 Modell der logischen Ebenen

Um den Transferprozess zu unterstützen, ist es hilfreich, Teilnehmer einfache und praktische Modelle an die Hand zu geben. Ein praxistaugliches Modell für persönliche Entwicklung ist das *Modell der logischen Ebenen* von Dilts (2000). Dieses Modell beschreibt einfach und nachvollziehbar, wie *Kompetenzen*, *Handlungen*, *Werte* und *Identitäten* miteinander zusammenhängen und zu einem *Erleben von Kongruenz* führen können.

Kongruenz meint in diesem Zusammenhang, dass sich das Rollenverständnis, die Werte und Ziele mit den Fähigkeiten, Handlungen und der Umwelt im Einklang befinden und als „stimmig" empfunden werden. Das Modell der logischen Ebenen vereinfacht dabei stark den Prozess der Persönlichkeitsentwicklung, ist aber für Teilnehmer leicht verständlich, und die bisher vorgestellten Theorien und Modellen sind gut integrierbar. Dilts beschreibt das Modell mit fünf Ebenen:

- **Umwelt:** Die Umwelt-Ebene ist die unterste Ebene und beschreibt, in welchem *Kontext* sich Menschen befinden. Jeder Mensch reagiert in einer bestimmten Umwelt auf die Gegebenheiten und auf andere Menschen. Jeder Kontext bietet dabei Möglichkeiten und Hindernisse, sich zu entwickeln. In unterschiedlichen Kontexten zeigen Menschen teilweise unterschiedliche Fähigkeiten und Verhaltensweisen.
- **Verhalten**: Das Verhalten beschreibt das konkrete *Handeln* eines Menschen in einem Kontext. Es geht um das, was ein Mensch tut. Jedes Verhalten wird dabei als Aktion oder Reaktion auf die Umwelt verstanden.
- **Fähigkeiten**: Fähigkeiten leiten Verhaltensweisen. Sie bilden eine mentale Landkarte, die aus *Denk- und Wahrnehmungsmustern* besteht. Sie bestimmen die Strategie, wie Verhaltensweisen eingesetzt werden können. Fähigkeiten sind grundlegende Kompetenzen und eine Beschreibung von dem, was ein Mensch kann.
- **Werte:** Auf dieser Ebene sind *Werte*, *Ziele*, *Bedürfnisse, Motive* und *Überzeugungen* angesiedelt. Diese bilden Leitideen, die die Grundlagen für die Anwendung von Fähigkeiten sind. Werte und Überzeugungen stärken oder behindern das Anwenden von Fähigkeiten. Ziele und Motive sind entscheidend für die Motivation von Handlungen.
- **Identität:** Mit Identität ist das *grundlegende Selbstbild* gemeint, das aus zentralen Werten und Aufgaben oder Missionen besteht. Das Modell der logischen Ebenen geht explizit davon aus, dass Menschen in unterschied-

lichen Kontexten verschiedene Rollen einnehmen (z. B. Chef, Vater, Freund). Diese Rollenverständnisse wirken sich auf die unteren Ebenen aus (Abb. 15) (Dilts 2000, 2010).

Abb. 15: Modell der logischen Ebenen (nach Dilts 2000, 2010)

Persönliche Entwicklung kann auf allen Ebenen stattfinden. Ein Mensch kann neue Verhaltensweisen erlernen, Kompetenzen entwickeln, Werte klären oder Einstellungen erweitern oder verändern. Dilts geht davon aus, dass eine Veränderung auf einer höheren Ebene nachhaltiger ist, weil sie eine Veränderung auf den darunterliegenden Ebenen nach sich zieht (Dilts 2000, 2010). Für den Transfer hat das Modell der logischen Ebenen mehrere Vorteile:

- Entwicklungsziele können auf den unterschiedlichen Ebenen beschrieben werden.
- Einzelne Entwicklungsziele werden immer mit Werten oder Motiven in Zusammenhang gebracht und können auf Kongruenz hin überprüft werden.
- Es können verschiedene Aspekte des Transfers verdeutlicht werden, sowohl der Transfer des Gelernten in einen anderen Kontext als auch innerhalb einer Person.

11.3 Vertikaler und horizontaler Transfer

Die Übertragung von Lernergebnissen aus dem Training in einen anderen Kontext wird als *horizontaler Transfer* verstanden. Die Veränderungen, die innerhalb einer Person stattfinden (persönliche Entwicklung) und kontextübergreifend sind, als *vertikaler Transfer.* Dieser vertikale Transfer geht davon aus, dass eine Veränderung im Bereich der logischen Ebenen sich auch immer auf die anderen Ebenen auswirkt (Abb. 16).

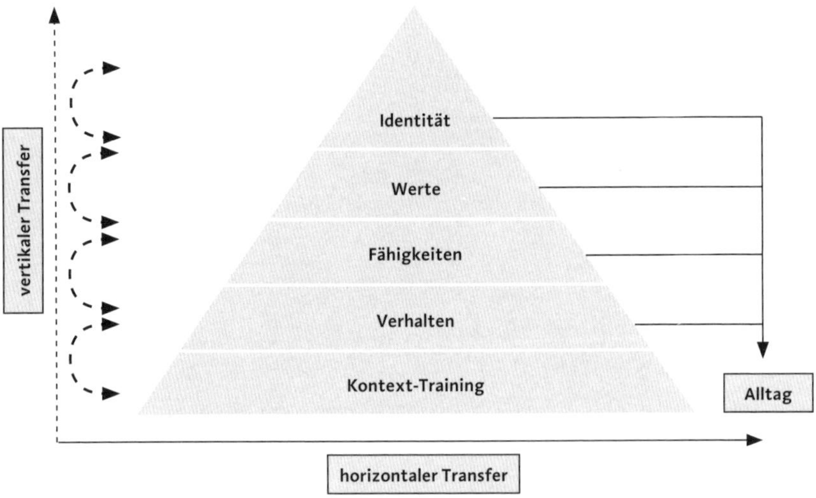

Abb. 16: Modell des vertikalen und horizontalen Transfers

Die in diesem Buch vorgestellten Modelle lassen sich den einzelnen logischen Ebenen zuordnen. Flow-Erleben, Achtsamkeitsmeditation sowie das Wahrnehmen positiver Emotionen lassen sich als Fähigkeiten beschreiben. Die Charakterstärken sind eher zwischen der Ebene der Werte und Fähigkeiten-Ebene anzusiedeln. Wird eine Fähigkeit vermittelt, leiten sich daraus Verhaltensweisen ab und eine Anbindung ans Wertesystem kann stattfinden. Gleichzeitig lassen sich daraus Ziele entwickeln.

Veränderungen auf einer Ebene haben Auswirkungen auf andere Ebenen. Wenn ein Teilnehmer lernt, seine Aufmerksamkeit auf positive Abweichungen zu lenken (Fähigkeiten-Ebene), wird er möglicherweise mehr Dinge tun, die ihm gut tun (Verhaltens-Ebene). Dies wiederum wird andere Reaktionen der Umwelt hervorrufen (Umwelt-Ebene). Gleichzeitig wird sich die Einstellung zum Leben ändern, z.B. in Form der Überzeugung „Mein Leben ist schön." (Werte-Ebene). Durch diese Einstellungsänderung ändert sich möglicherweise auch das eigene Selbstbild: „Ich bin ein positiver Mensch." (Identitäts-Ebene).

Passen, wie im eben beschriebenen Beispiel, alle Ebenen zusammen, wird dies von vielen Menschen als stimmig, also *kongruent* empfunden. *Inkongruenz* bedeutet hingegen, dass keine Übereinstimmung der Ebenen erfahren wird. Hat ein Teilnehmer im Laufe seines Lebens die Überzeugung gelernt, dass er nur an Fehlern wachsen kann, wird er die neue Kompetenz, sich auf positive Abweichungen zu fokussieren, möglicherweise als unccht empfinden.

Aufgabe des Transfers ist es nun, neben dem *horizontalen* auch den *vertikalen* Transfer zu unterstützen. Zuffellato/Habbiba-Kreszmeier weisen in ihrer Definition darauf hin, dass ein Transfer immer zirkulär stattfindet und einen Übertrag in einen anderen Kontext, aber auch eine Veränderung innerhalb der Persönlichkeit hervorrufen kann, ein Transfer also immer, wenn auch unbewusst, eine Mischung aus vertikalem und horizontalem Transfer ist (Zuffellato/Habiba-Kreszmeier 2007).

Übung: Alignment

Ziel: Integration von Lernerfahrungen, vertikaler Transfer
Art: Zweierübung
Zeitbedarf: 60 Minuten
Material: Stift und Zettel
Ort: beliebig

Beschreibung: Ein Teilnehmer (B) begleitet den anderen (A) beim Alignment. B fragt jeweils eine Frage zu jeder logischen Ebene ausgehend von der Umweltebene bis zur Identitätsebene und notiert sich Schlüsselwörter (Kernaussagen in der Sprache von A). B geht vor jeder neuen Frage einen Schritt voraus. An der Identitäts-Ebene angekommen, kann nach einem Symbol oder einer Farbe gefragt werden; diese Metapher hat oft eine hohe Bedeutung für A. A geht wieder einen Schritt zurück und B wiederholt dabei die Schlüsselwörter sowie die Auswirkung der vorangegangen Ebene. A beschreibt die Veränderung. Zurück auf der Umweltebene wird die Veränderung insgesamt abgefragt.

Anleitung: Die Anleitung kann Tabelle 9 entnommen werden.

Tab. 9: Alignment

	Prozess	
logische Ebenen	**Transfer vorbereiten**	**Veränderungen integrieren**
	Was für ein passendes Symbol oder Farbe gibt es? Schlüsselwörter notieren	
Identität	**Wer bist du?** **Welches Bild hast du von dir selbst?** Schlüsselwörter notieren	**Wie wirkt** sich das Symbol oder die Farbe auf *„Wiederholung Schlüsselwörter Identität"* **aus?** **Veränderung beschreiben lassen**
Werte	**Was ist dir wichtig?** **Wozu tust du das?** Schlüsselwörter notieren	**Wie wirkt** sich die *„beschriebene Veränderung Identität"* auf *„Wiederholung Schlüsselwörter Werte"* **aus?** **Veränderung beschreiben lassen**
Fähigkeiten	**Wie machst du das?** **Welche Fähigkeiten setzt du ein?** Schlüsselwörter notieren	**Wie wirkt** sich „die beschriebene Veränderung Werte" auf „Wiederholung Schlüsselwörter Fähigkeiten" **aus?** **Veränderung beschreiben lassen**
Verhalten	**Was tust du da?** Schlüsselwörter notieren	**Wie wirkt** sich die *„beschriebene Veränderung Fähigkeiten"* auf *„Wiederholung Schlüsselwörter Verhalten"* **aus?** **Veränderung beschreiben lassen**
Umwelt	**Wo wirst du deine Erkenntnisse anwenden?** Schlüsselwörter notieren	**Wie wirkt** sich die *„beschriebene Veränderung Verhalten"* auf *„Wiederholung Schlüsselwörter Umwelt"* **aus?** **Veränderung beschreiben lassen** **Was ist jetzt anders?** **Was machst du ab jetzt damit?**

Auswertung:
- Welche Erfahrungen habt ihr mit der Übung gemacht?
- Was ist jetzt anders als vorher?
- Was bedeutet das für euch?

Quelle: Mohl (2006) (Tab. 9)

11.4 Transferrahmen

Damit im Rahmen eines Trainings jeder Teilnehmer an seinen persönlichen Entwicklungsthemen arbeiten kann, bieten sich Vorgehensweisen aus dem Coaching an. Hierbei geht es um die enge Begleitung des individuellen Transfers:

- Der Transfer bezieht sich häufig nicht nur auf eine bestimmte *Umwelt* (in der Teamentwicklung der Arbeitskontext), sondern auf das gesamte Leben. Er betrachtet also mehrere Kontexte (Arbeit, Familie, Freunde, Kinder etc.).
- Persönliches Wachstum und das Erreichen von Zielen bedeuten immer Veränderungen. Diese Veränderungen und die damit einhergehenden *Konsequenzen* müssen in die verschiedenen Kontexte passen, damit es eine stabile Entwicklung gibt. Wenn das Praktizieren von Achtsamkeit, in welchem Kontext auch immer, belächelt oder als „Spinnerei" bezeichnet wird, ist die Veränderung wahrscheinlich weniger stabil.
- Veränderungen im Bereich des gesunden Verhaltens gehen einher mit dem *Aufbau von Gewohnheiten*. Um neue Gewohnheiten zu unterstützen, sollten die Bedingungen, unter denen Gewohnheiten entstehen, berücksichtigt werden.
- Im Sinne der *Selbstbestimmungstheorie* geht persönliches Wachstum oder psychische Reifung einher mit der Erfüllung der *psychologischen Grundbedürfnisse* Autonomie, Kompetenz und Beziehung. Die Erfüllung dieser Grundbedürfnisse setzt den Wachstumsprozess in Gang, bindet ihn ans eigene Wertesystem und fördert somit die intrinsische Motivation für Veränderung (Deci/Ryan 2008, 2004).
- Und zuletzt hängt der Erfolg des Transfers auch davon ab, wie es gelingt, die Teilnehmer zu *motivieren* und wie *selbstwirksam* sie sich nach dem Training in ihrem Transferprozess erleben.

11.5 Ziele und Ökologie

Ein bewährtes Modell für die Rahmenbedingungen von Veränderungsarbeit bietet das Neuro-Linguistische Programmieren (NLP). Dort wird ein *Arbeitsrahmen* beschrieben, in dem Interventionen überhaupt erst erfolgreich sein können. Dieser Rahmen besteht aus vier grundlegenden Aspekten:

1. Beziehung aufbauen
2. Auftrag oder Ziel benennen

3. Ökologie eines Ziels prüfen
4. die Intervention durchführen (Andreas/Andreas 1986)

Ohne die professionelle Beziehung zwischen Coach und Klient ist keine wirksame Veränderung möglich. Ziele und die Klärung möglicher Kosten und Konsequenzen (Ökologie) ist dann die Voraussetzung für die Intervention (Abb. 17).

Abb. 17: Arbeitsrahmen

Im Coaching nützt der Arbeitsrahmen bei einer Intervention. Im Training kann er auch genutzt werden, um den Transfer zu planen, weil er auf zwei grundlegende Aspekte hinweist:

- die *Klärung des Ziels*
- die *Klärung der Ökologie*, also der Konsequenzen und persönlichen Kosten, die Veränderungen hervorrufen

Auf diese beiden Aspekte soll im Weiteren eingegangen werden.

Zieldimension im Transfer

Bevor die Teilnehmer nach dem Training sinnvolle Transferschritte gehen können, ist die Frage des Zieles zu klären. Viele Teilnehmer wollen weg vom Stress, aber wo wollen sie hin? Es kann also sinnvoll sein, Ziele auf den unterschiedlichen logischen Ebenen zu formulieren. Braucht es eine

Fähigkeit in Bezug auf Stresskompetenz (Zeitmanagement lernen), geht es um das Erlernen eines neuen Verhaltens (Achtsamkeitsübungen machen) oder um die Entwicklung einer Stärke (Charakterstärke Mäßigung entwickeln)?

Wie in Kapitel 7 beschrieben, geben Annäherungsziele eine Richtung vor und sind unmittelbar ans Wertesystem angebunden. Neben diesem motivationalen Aspekt können Ziele auch die Selbstwirksamkeit stärken. Hierzu ist es hilfreich, Ziele so zu setzen, dass sie leicht zu erreichen sind. Dabei spielt vor allem die Größe des Ziels eine entscheidende Rolle. Wahrscheinlich ist es leichter, einen achtsamen Atemzug am Tag bewusst zu machen, als jeden Tag 15 Minuten Achtsamkeitsmeditation zu praktizieren. Wie schon beschrieben, fördert das bewusste Erleben der Zielerreichung das eigene Kompetenzerleben und damit auch die Motivation, sich langfristig Ziele zu setzen. Gleichzeitig lernen Teilnehmer eine Strategie, wie sie auch über das Training hinaus mit Zielen arbeiten können.

Tipps zur Zielsetzung

- Es ist leichter, *kleine* statt großer *Ziele* zu erreichen, wenn es um neue Gewohnheiten geht.
- Ziele sollten als *Annäherungsziele*, also *positiv formuliert* sein.
- Es kann helfen, sich Ziele in einer Art *gedanklicher und sinnlicher Vorwegnahme* vorzustellen. Wie ist es, wenn das Ziel erreicht wurde (Wie sieht das aus? Wie hört sich das an? Wie fühlt sich das an?)?
- Wenn ein Ziel erreicht ist, ergeben sich daraus *neue Möglichkeiten*. Das kann zusätzliche Motivation freisetzen.
- Ziele sind umso leichter zu erreichen, je weniger das Umsetzen der Ziele von äußeren Faktoren oder Personen abhängt und in der alleinigen Verantwortung des Teilnehmers liegt.

Ökologie

Die Ökologie eines Zieles bedeutet, dass jede Veränderung in Form eines erreichten Zieles oder eines veränderten Verhaltens auch immer eine *persönliche Konsequenz* beinhaltet. Damit *Veränderungen stabil* bleiben, ist es wichtig, sich im Vorfeld über diese möglichen Konsequenzen im Klaren zu sein. Es wird zwischen interner und externer Ökologie unterschieden.

- **Interne Ökologie:** Sie klärt, ob die Veränderung zu den individuellen Fähigkeiten, Stärken, Werten und dem Rollenverständnis, also in die Persönlichkeitsstruktur passt.

- **Externe Ökologie:** Sie fragt, ob die Veränderung zur persönlichen Umwelt und deren Kontexten, also zum sozialen System passt.

Was damit gemeint ist, lässt sich am besten an einem Praxisbeispiel verdeutlichen: Eine Teilnehmerin aus einem Training mit dem Titel „Grenzen wahrnehmen und achten – Selbstfürsorge am Arbeitsplatz", die im Vertrieb arbeitet, formuliert nach dem Training das Ziel: „Ich bin immer authentisch." Der interne Öko-Check ergab keine Bedenken („Es ist gut, wenn ich immer authentisch bin."), beim externen Öko-Check hingegen stellte sich heraus, dass es nicht immer klug ist, völlig authentisch aufzutreten. Vor allem im Kontakt mit Kunden ist es manchmal ungünstig, denn hier immer offen und ehrlich zu kommunizieren, kann eine Geschäftsbeziehung auch schädigen.

Die gedankliche Auseinandersetzung im Öko-Check mit den Konsequenzen einer Veränderung hat den Vorteil, sich auf mögliche Konsequenzen vorzubereiten. Falls es Bedenken gibt oder Probleme gesehen werden, sind dies wichtige Informationen, um mehr Stabilität bei der Veränderung zu erreichen. Im konkreten Fall bedeutet dies eine Anpassung des Ziels: „Ich bin in meinen wichtigsten Beziehungen immer authentisch." Mit Bedenken im Öko-Check kann dabei auf unterschiedliche Weise umgegangen werden:

- **Anpassung des Ziels:** „Wie lautet dein Ziel, wenn du deinen Einwand berücksichtigst?"
- **Vermeidung von Problemsituationen:** „Was kannst du tun, damit die negative Konsequenz vermieden wird?"
- **Skalierungsfragen einbauen:** „In wie viel Prozent der Fälle möchtest du das Ziel erreichen?" (Mohl 2006)

Hilfreiche Öko-Check-Fragen

„Stell dir vor, du hast das Ziel erreicht und setzt das um, was du dir vornimmst:

- Was spricht für dich dagegen, das wirklich zu tun (interne Ökologie)?
- Was sagt dein Umfeld dazu (Familie, Freunde, Kollegen etc.)?
- Welche möglichen Probleme siehst du (interne/externe Ökologie)?
- Was wären die Konsequenzen (interne/externe Ökologie)?
- Welchen Preis müsstest du zahlen (interne/externe Ökologie)?"

11.6 Future Pace

Eine weitere Möglichkeit, ein Transferergebnis zu testen, ist der sog. *Future Pace*. Der Future Pace wird als die gedankliche Vorwegnahme eines neuen Verhaltens verstanden. Im Grunde ist hiermit die *Erprobung des Transferergebnisses* gemeint. Dabei wird das gewünschte zukünftige Verhalten mental durchgespielt. Der Future Pace aktiviert neuronale Muster und stärkt diese. Dadurch wird die Wahrscheinlichkeit eines Wiederholens erhöht. Diese Technik findet bspw. im Sport häufig Anwendung, wenn Athleten ihren Wettkampf gedanklich komplett durchspielen (O'Connor/Seymour 2008).

Future Pace – Anleitung

1. „Wenn du morgen wieder zuhause in deinem Alltag bist, wann wird es die erste Gelegenheit geben, dein neues Wissen im Sinne deiner Ziele anzuwenden?"
2. „Was ist dein erster Schritt auf dem Weg zum Ziel? Wie sieht das genau aus? Was wirst du fühlen und hören?"
3. „Was wirst du in dieser Situation darüber hinaus tun?"

11.7 Rituale – Gewohnheiten etablieren

Der Alltag von Menschen besteht aus einer Vielzahl von Gewohnheiten, die im Laufe des Lebens bewusst oder unbewusst gelernt wurden. Eine Gewohnheit zeichnet sich dadurch aus, dass es ein relativ stabiles Muster gibt, das automatisch abläuft, d. h., es ist ein Vorgang, bei dem Entscheidungen in der Regel nicht mehr bewusst getroffen werden. Das Gewohnheitsmuster besteht aus

- einem Auslösereiz,
- einer routinierten Handlung und
- einer Belohnung (Abb. 18) (Duhigg 2012).

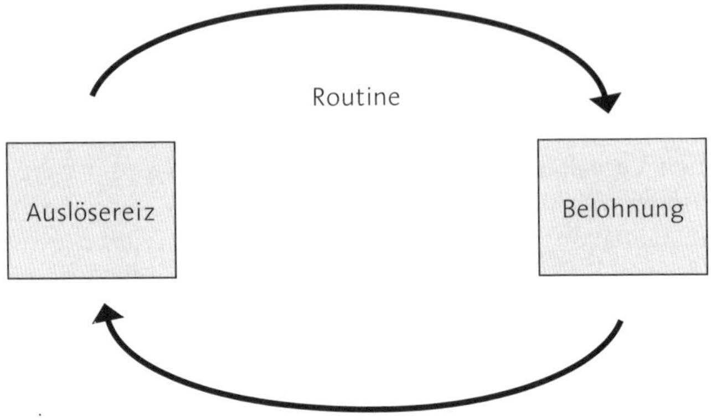

Abb. 18: Gewohnheitsschleife

Durch die *Entwicklung von Gewohnheiten* brauchen Menschen nicht mehr über ihr Tun nachzudenken und Entscheidungen zu fällen. Solange bspw. das morgendliche Zu-Fuß-Gehen zur Arbeit mit einer Entscheidungsfindung verbunden ist, ist es noch keine Gewohnheit. Erst wenn ich automatisch zu Fuß gehe und dabei etwas Spaß oder Entschleunigung als Belohnung empfinde, ist eine neue Gewohnheit etabliert. Das neue Muster (zu Fuß gehen) wird durch einen Reiz (morgens zur Arbeit) ausgelöst und eine Belohnung (Entschleunigung) wird empfunden. Die Bildung einer Gewohnheit ist umso effektiver, je mehr das Verlangen nach der Belohnung schon durch den Auslösereiz aktiviert wird (Duhigg 2012). Das Wissen um Gewohnheitsbildung ist für die Teilnehmer sehr hilfreich. Es weist auf zwei wesentliche Aspekte hin:

- Zum einen findet Verhaltensveränderung nicht von heute auf morgen statt, sondern wird erst durch regelmäßige Wiederholungen etabliert.
- Zum anderen ist der Nutzen in Form einer Belohnung ein starker Motivator.

Die bewusste Etablierung von Gewohnheiten läuft dabei in drei Schritten ab:

1. **Auslösereiz**: Eine Gewohnheit zu etablieren, fällt leichter, wenn es einen einfachen und markanten Auslösereiz gibt. Wenn der automatische Ablauf einer Handlung an ein bestehendes Ritual (z. B. Zähneputzen) oder eine existierende Gewohnheit gebunden ist, ist es leichter, in den Gewohnheitsmodus zu kommen.
2. **Belohnung**: Es ist hilfreich, sich eine Belohnung klar und deutlich zu definieren (Was ist der Nutzen der Routine?).

3. **Routine**: Routinen entwickeln sich über die Zeit. Je öfter eine Handlung mit Auslösereiz und Belohnung in Verbindung gebracht wird, desto mehr wird die Schleife verstärkt und automatisiert (Duhigg 2012).

Gewohnheitsbildung – Anleitung

1. „Was würdest du gerne regelmäßig nach dem Training im Alltag weiter tun?"
2. „Was wäre ein guter Auslöser, der dich an dein Tun erinnert?"
3. „Womit wirst du dich belohnen? Was wirst du davon haben, es getan zu haben? Welches weitere Ziel steckt dahinter?"
4. „Was tust du dann genau?"

11.8 Entwicklung und Selbstbild

Ob ein Mensch Gewohnheiten ändert, hängt auch davon ab, wie lern- und entwicklungsfähig er sich betrachtet. Die Motivations- und Entwicklungspsychologin Dweck (2011) hat in ihren Forschungen herausgefunden, dass es zwei grundlegende Einstellungen gibt, die das individuelle *Selbstbild* (Mindset) im Hinblick auf die eigene Entwicklungsmöglichkeit prägen. Sie nennt diese Selbstbilder *statisches* und *dynamisches Selbstbild*.

Menschen mit einem *statischen Selbstbild* sehen Intelligenz und Fähigkeiten als angeboren und wenig veränderbar an. Sie fokussieren auf Leistungen und wollen Dinge gut machen und die Besten sein. Erfolg wird über das Ergebnis definiert. Bei Misserfolgen oder Fehlern werden Reaktionen von Hilflosigkeit und Wut hervorgerufen. Menschen mit einem statischen Selbstbild suchen nicht aktiv nach neuen Herausforderungen. Gelingt etwas auf Anhieb nicht, verlieren Menschen mit einem statischen Selbstbild schnell die Motivation, es noch einmal zu versuchen, weil sie kein Rezept für den Umgang mit dem Scheitern haben.

Menschen mit einem *dynamischen Selbstbild* sehen Intelligenz und Fähigkeiten als veränderbar und entwickelbar an. Beides sind Ergebnisse teilweise harter Arbeit. Erfolg bedeutet für sie, etwas in einem Prozess gelernt und sich erarbeitet zu haben. Fehler werden als Entwicklungsmöglichkeiten gesehen und führen zur Motivation, etwas Neues zu lernen oder etwas anders zu machen. Menschen mit einem dynamischen Selbstbild suchen Herausforderungen, an denen sie wachsen können. Sie probieren gerne neue Wege und Strategien aus (Tab. 10).

Tab. 10: Mindset

	statisches Selbstbild	**dynamisches Selbstbild**
Zuschreibung bei Erfolg	internal: „Ich bin gut."/„Ich bin besser als andere."	external: „Ich habe viel dafür getan."
Zuschreibung bei Misserfolg	internal: „Ich kann das nicht."	internal: „Ich kann das noch nicht." external: „Die Aufgabe war zu schwer."
Überzeugung, Intelligenz und Fähigkeiten ...	... sind angeboren und wenig veränderbar	... sind weiterentwickelbar
Bedürfnis nach ...	... Erfolgen und guten Leistungen	... Wachstum und Entwicklung
Einstellung gegenüber anderen	„Ich bin besser als andere."	„Ich bin wie jeder andere."
Erfolgserwartungen	Erfolg sollte sich sofort einstellen, hat wenig mit Lernen zu tun.	Erfolg ist ein Prozess, braucht Zeit und hat etwas mit Lernen zu tun.

Ein *statisches Selbstbild* ist keine starre Grundeinstellung, sondern es lässt sich zu einem *dynamischen Selbstbild* entwickeln.

Tipps für die Entwicklung eines dynamischen Selbstbilds (Dweck 2011)

- Alleine das Wissen um dynamische und statische Selbstbilder und deren Wirkung auf Entwicklung hilft vielen Menschen, das Muster zu erkennen.
- Ziele und Pläne zur Zielerreichung helfen bei der Entwicklung.
- Je konkreter die Pläne und die Frage des Wie, Wann und Wo, desto wahrscheinlicher ist die erfolgreiche Umsetzung.
- Zur persönlichen Entwicklung gehört persönliche Anstrengung. Viele Dinge können nur durch Engagement erreicht werden.
- Zur Entwicklung gehört Scheitern. Das Lernen aus den Fehlern oder aus einem Feedback beinhaltet die Möglichkeit, Pläne anzupassen oder andere Wege zu gehen.
- Bei Erfolgen hilft es, sich zu fragen: Was muss ich tun, um das Erreichte beizubehalten und weiter wachsen zu lassen?

12 Trainerpersönlichkeit – Zehn Tipps zum persönlichen Wachstum und zur Selbstfürsorge

Die Grundlage jeder Ausbildung zum Outdoortrainer ist die Selbsterfahrung in den handlungsorientierten Methoden. Für die Begleitung von Menschen in persönlichen Veränderungsprozessen ist es hilfreich, eigene Erfahrungen mit der Wirkung von Interventionen zu haben. Diese Erfahrungen, geknüpft an theoretisch fundiertes Wissen, sind Voraussetzung für eine seriöse und verantwortungsvolle Arbeit. Für die in diesem Buch vorgestellten Inhalte gilt dies ebenso.

Warum nicht die Modelle und Theorien für die eigene Weiterentwicklung und Selbstfürsorge nutzen? Die nachfolgenden Übungen sind eine Einladung, sich im Sinne eines dynamischen Selbstbildes als (Outdoor-) Trainer weiterzuentwickeln und die eigene psychische Gesundheit zu unterstützen.

12.1 Stärken entwickeln und nutzen

Stärken fördern Autonomie und Kompetenzerleben.

Übung: VIA-Charakterstärkentest

Machen Sie den VIA-Charakterstärkentest (Kap. 4.3) und stellen Sie sich folgende Fragen:

- „Was sind meine Signaturstärken?“
- „Welche kann ich wie neu einsetzen?“
- „Bei welcher würde sich eine Weiterentwicklung lohnen?“
- „Was hätte das für einen Nutzen für mich?“

12.2 Stärkenorientiertes Feedback

Ein stärkenorientiertes Feedback bringt mehr Klarheit und stärkt das Selbst.

Übung: 360-Grad-Feedback

Holen Sie sich ein stärkenorientiertes 360-Grad-Feedback!

- „Welche Stärken sieht Ihr Chef in Ihnen?“
- „Welche Stärken sehen Ihre Kollegen in Ihnen?“
- „Welche Stärken sehen Ihre Kunden in Ihnen?“

> **Tipp für Stärkenentwicklung**
>
> Ergänzen Sie Ihren Feedbackbogen um die Frage: Welche Stärken sehen Sie in mir als Trainer? Welche besondere Qualität zeichnet mich als Ihren Trainer aus?

12.3 Arbeiten mit Leichtigkeit

Flow-Erleben führt zu mehr Leichtigkeit und Entspannung bei der Arbeit.

Übung: Flow-Erleben

Erkunden Sie Ihre Flow-Potenziale. Nehmen Sie sich hierfür 30 Minuten Zeit.

- Erinnern Sie sich an ein oder mehrere Trainings, in denen Sie das Gefühl hatten, der Job geht besonders leicht von der Hand, wo Sie im Fluss mit sich und der Gruppe waren, wo trotz einer hohen Anforderung das Arbeiten mit Leichtigkeit ging!
- Was war das Besondere an diesen Trainings? Wovon waren Sie überzeugt? Welche Ihrer Kompetenzen und Stärken wurden abgefragt? Welche Rahmenbedingungen waren unterstützend? Welche wichtigen Details gehörten zum Auftrag und zum Kunden? Was war die besondere Qualität in der Zusammenarbeit mit Ihren Kollegen?

- Welche Schlüsse ziehen Sie daraus für Ihre zukünftige Arbeit? Welche Aspekte wollen Sie in Zukunft mehr oder bewusster berücksichtigen?
- Welche Ziele ergeben sich daraus?
- Was ist Ihr nächster konkreter Schritt?

12.4 Positive Emotionen wahrnehmen

Positive Emotionen trainieren die Aufmerksamkeit und stärken die eigene Resilienz.

Übung: Positiver Trainingsrückblick

Machen Sie die nachfolgende Übung schriftlich und erstellen Sie sich ein Portfolio Ihrer Erfolgsstrategien. Diese Übung wirkt besonders gut, wenn Sie sie regelmäßig machen. Schreiben Sie in der Nachbereitung eines Trainings drei Dinge auf, die gut waren, und überlegen Sie sich, was Sie dazu beigetragen haben, dass es gut wurde.

12.5 Bewusst genießen

Die Kunst des Genießens verstärkt die Broaden-and-Build Effekte und führt zu mehr Wohlbefinden und Selbstwirksamkeitserleben.

Übung: Savouring erleben

Nehmen Sie sich 30 Minuten Zeit für einen Spaziergang und stellen Sie sich folgende Fragen:

- „Was an meinem Job genieße ich besonders?“
- „Worauf bin ich besonders stolz?“
- „Wofür bin ich dankbar?“
- „Was bewundere ich im Kontext meines Jobs?“

Überlegen Sie sich im Folgenden, wie Sie dafür sorgen können, zukünftig bewusster zu genießen!

12.6 Werte klären

Klarheit über die eigenen Werte führt zu mehr Zufriedenheit und Kongruenz.

Übung: Werte klären

Gehen Sie zehn Minuten spazieren und fragen Sie sich immer: Was ist mir als Trainer besonders wichtig? Finden Sie einen Gegenstand aus der Natur, der ein Symbol für die Antwort auf dieser Frage ist. Legen Sie das Symbol auf den Boden und betrachten Sie es mit viel Fantasie aus unterschiedlichen Winkeln und Perspektiven und lassen Sie sich überraschen, was Sie in dem Symbol noch alles erkennen. Schreiben Sie Ihre Assoziationen zum Symbol auf. Lesen Sie sich die Assoziationen durch und überlegen Sie, für welchen Wert das Symbol stehen könnte. Inwieweit sind die Ergebnisse Bestätigung für bisherige Werte? Was ist vielleicht eine gute Ergänzung? Worüber lohnt es sich, nachzudenken?

12.7 Miniurlaube

Miniurlaube sind tägliche kleine Urlaube, die der Erholung und Entspannung in den Pausen dienen.

Übung: Miniurlaub

Planen Sie am Tag Zeiten in Ihrem Terminkalender, in denen Sie Urlaub machen. Diese Miniurlaube können zwischen fünf und 15 Minuten dauern und Aktivitäten beinhalten, die zur Entspannung und Erholung beitragen. Nutzen Sie dabei Savouring und genießen Sie diese Zeiten bewusst und intensiv (Bryant/Veroff 2007). Schalten Sie bspw. Ihr Handy aus und genießen Sie einen guten Kaffee oder sorgen Sie zehn Minuten für aktive Bewegung.

12.8 Erholung finden

Der Aufenthalt in der Natur dient der eigenen Erholung.

Übung: Ort der Erholung

Suchen Sie sich Ihren persönlichen Ort der Erholung (Kap. 5) und nutzen Sie ihn.

12.9 Abenteuer planen

Die Planung eigener Micro Adventures trägt zum Flourishing bei.

Übung: Micro Adventure

Planen Sie Ihr eigenes Mirco Adventure (Kap. 9). Blocken Sie sich im Terminkalender bei der Saisonplanung Zeit für Ihre Micro Adventures.

12.10 Best Possible Self

Optimismus bereichert den Blick in die Zukunft.

Übung: Best Possible Self

Diese Übung ist ein Klassiker der positiven Interventionen und unterscheidet sich von den vorangegangenen, weil sie vor allem schriftlich durchgeführt wird. Hintergrund der Übung ist die Entwicklung einer positiven Zukunftsvorstellung, durch die die positive Motivation gesteigert wird, sich in diese Zukunftsvorstellung zu entwickeln. Die Übung baut auf alle vorangegangenen Übungen auf. Sie wird schriftlich, an vier aufeinander folgenden Tagen, durchgeführt:

- Schreiben Sie jeweils 20 Minuten pro Tag expressiv. Expressives Schreiben bedeutet: Sie schreiben 20 Minuten spontan aus dem Bauch heraus und kontinuierlich über ein Thema. Dabei nehmen Sie den Stift nicht vom Blatt und machen keine Aufzählungen, Absätze, o. Ä.
- Bevor Sie anfangen, zu schreiben, versetzen Sie sich in die Situation: Wie wird es in zehn Jahren sein, wenn Sie alle Ihre Ziele erreicht, alle Stärken angewendet, Ihre Werte gelebt und Ihre Beziehungen intensiviert haben?
- Schreiben Sie aus dieser Zukunftsperspektive, als wäre der Zeitpunkt be-

reits heute. Schreiben Sie in der Ich-Form und stellen Sie sich immer wieder diese Fragen: „Wenn ich in zehn Jahren alle meine Ziele erreicht habe und meine Visionen erfüllt sind, wenn ich dabei meine Werte gelebt und meine Kompetenzen und Stärken eingesetzt habe, wie sieht mein Leben dann aus ?"

- Wenn Ihnen nichts mehr einfällt, schreiben Sie irgendwas auf. Nach einiger Zeit wird Ihnen zu diesen Fragen wieder etwas einfallen (Blickhan 2015).

Literatur

Aldina, S. (2011): Achtsamkeit für Dummies. Mit ruhigem Geist den Dingen gelassen entgegensehen. Wiley-Vch, Weinheim

Andreas, C., Andreas, S. (1986): NLP Practitioner Training. Trainer Manual. Seminarunterlage Eigenverlag

Antonovsky, A., Franke, A. (1997): Salutogenese. Zur Entmystifizierung der Gesundheit. Forum für Verhaltenstherapie und psychosoziale Praxis. Band 36 DGVT-Verlag, Tübingen

Blickhan, D. (2015): Positive Psychologie. Ein Handbuch für die Praxis. Junfermann, Paderborn

Brämer, R: (2008): Grün tut gut. Daten und Fakten zur Renaturalisierung des Hightech-Menschen. In: www.wanderforschung.de/files/gruentutgut1258032289.pdf, 25.10.2016

Brinkmann, R. (2014): Angewandte Gesundheitspsychologie. Pearson Studium, Hallbergmoos

Bryant, B.F., Veroff, J. (2007): Savouring. A New Model of Positive Experience. Lawrence Erlbaum Associates Inc., Mahwah, New Jersey

Cameron, K. (2013): Practicing Positive Leadership. Tools and Techniques That Create Extraordinary Results, Berett-Koehler Publisher, San Francisco

Cameron, K. (2012): Positive Leadership. Strategies For Extraordinary Performance. Berrett Koehler Publishers, Inc., San Francisco

Czikszentmihályi, M. (2015): Flow: Das Geheimnis des Glücks. 18. Aufl.. Klett-Cotta, Stuttgart

David, S. (2016): Emotional Agility. Get Unstuck, Embrace Change and Thrive in Work and Life. Penguin Life, London

De Shazer, S. (1990): Wege der erfolgreichen Kurztherapie. 2. Aufl. Klett-Cotta, Stuttgart

Deci, E.L., Ryan, R.M. (2008): Self-determination Theory: A Macrotheory of Human Motivation, Development, and Health. Canadian Psychology/Psychologie canadienne, Vol. 49 (3), Aug 2008, 182–185

Deci, E.L., Ryan, R.M. (2004): A Handbook of Self-determination Research. University of Rochester Press, Rochester, NY

Deci, E.L., Ryan, R.M. (2002): Die Selbstbestimmungstheorie der Motivation und ihre Bedeutung für die Pädagogik. In: Jerusalem, M., Hopf, D. (Hrsg.): Selbstwirksamkeit und Motivationsprozesse in Bildungsinstitutionen. Beltz, Weinheim, Basel, 28–53

Dewald, W., Häußler, C. (2005): On-Line. Spiele und Abenteuer mit dem Seil. Ziel, Augsburg

Dilts, R. (2010): Die Veränderung von Glaubenssystemen. NLP-Glaubensarbeit. Junfermann, Paderborn

Dilts, R. (2000): Kommunikation in Gruppen und Teams. Lehren und Lernen effektiver Präsentationstechniken. Angewandtes NLP. Junfermann, Paderborn

Duhigg, C. (2012): Die Macht der Gewohnheit. Warum wir tun, was wir tun. Bloomsbury, Berlin

Dweck, C. (2011): Selbstbild. Wie unser Denken Erfolge oder Niederlagen bewirkt. 3. Aufl. Piper, München

Emmons, R. A. (2003): Personal Goals, Life Meaning, and Virtue. In: Wellsprings of a Positiv Life. Flourishing: Positive Psychology and The Life Well-lived, 105–108

Gebhard, U. (2010): Wie wirkt Natur und Landschaft auf Gesundheit, Wohlbefinden und Lebensqualität? In: Bundesamt für Naturschutz (Hrsg.): Naturschutz und Gesundheit. Allianzen für mehr Lebensqualität, Bonn, 22–28

Gilsdorf, R. (2004): Von der Erlebnispädagogik zur Erlebnistherapie. Perspektiven erfahrungsorientierten Lernens auf der Grundlage systemischer und prozessdirektiver Ansätze. Edition Humanistische Psychologie, Bergisch Gladbach

Goleman, D. (2013): EQ. Emotionale Intelligenz. 23. Aufl. Deutscher Taschenbuch Verlag, München

Fredrickson, B. (2009): Die Macht der guten Gefühle. Wie eine positive Haltung Ihr Leben dauerhaft verändert. Campus, Frankfurt am Main

Fredrickson, B. (2001): The Role of Positive Emotion in Positive Psychologie. The Broaden and Build Theory on Positiv Emotion. American Psychologist Vol. 56, No. 3, 218–226

Health Council (2004): Nature and Health. The Influence of Nature on Social, Psychological and Physical Well-being. The Hague. In: www.gezondheidsraad.nl/sites/default/files/Nature_and_health.pdf, 15.09.2016

Huppertz, A., Schatanek, V. (2015): Achtsamkeit in der Natur. 84 naturbezogenen Achtsamkeitsübungen und theoretische Grundlagen. Junfermann, Paderborn

Illig, T. (2013): Die stärkenfokussierte Organisation. Methoden und Instrumente des Positiven Managements. Schäffer Poeschel, Stuttgart

Kabat-Zinn, J. (2013): Gesund durch Meditation. Das große Buch der Selbstheilung mit MBSR. Knauer MensSana, München

Kabat-Zinn, J. (1996): Full Catastrophe Living: How to Cope With Stress, Pain, and Illness Using Mindfulness Meditation. Piatkus, London

Kaplan, R. (1993): „The role of nature in the context of the workplace". Landscape and urban planning. 26 (1), 193–201

Kaplan, R., Kaplan, S. (1989): The Experience of Nature: A Psychological Perspektive. Cambridge University Press, New York

Kashdan, T., Biswas-Diener, R. (2014): The Upside of Your Dark Side. Why Being Your Whole Self – Not Just Your „Good" Self – Drivers Success and Fulfillment. Plume, New York

Kashdan, T. B., Feldman-Barrett, L., McKnight, P. E. (2015): Unpacking Emotion Differentiaton: Transformating Unpleasant Experience by Perceiving Distinctions in Negativity. Psychological Science Vol. 24(1), 10–16

Keyes, C. L. M. (2002): The Mental Health Continuum: From Languishing to Flourishing in Life. Journal of Health and Social Behavior; 43 (2), ProQuest pg. 207

Lazarus, R., Folkman, S. (1984): Stress, Appraisal, Coping. Springer Pub Co.

Leven, K., Schreyer, J. (2010): Outdoorcoaching. In: Ferstl, A., Scholz, M., Thiesen, Ch. (Hrsg.): Unterwegs auf bewegenden Wegen. Ziel, Augsburg

Matyssek, A.K. (2011): Gesund führen – sich und andere! Books on Demand, Norderstedt
Mohl, A. (2006): Der große Zauberlehrling. Das NLP Arbeitsbuch für Lernende und Anwender. Junfermann, Paderborn
Niemiec, M.R. (2014): Mindfulness and Charakter Strenghts. A Practical Guide to Flourishing. Hogrefe, Göttingen
O'Conner, J., Seymour, J. (2008): Neurolinguistisches Programmieren: Gelungene Kommunikation und persönliche Entfaltung. VAK, Kirchzarten bei Freiburg
Paffrath, H.F. (2013): Einführung in die Erlebnispädagogik. Ziel, Augsburg
Polly, S., Britton, K.H. (2015): Charakter Strenghts Matter. How To Live a Full Live. Positive Psychology News, USA
Reivich, K., Shatté, A. (2002): The Resilience Faktor. 7 Keys To Finding Your Inner Strength And Overcoming Life's Hurdles. Three Rivers Press, New York
Robert Koch Institut (Hrsg.) (2015): Gesundheit in Deutschland. Gesundheitsberichterstattung des Bundes. Gemeinsam getragen vom RKI und Destatis, Berlin
Rogers, R.C. (1991): Eine Theorie der Psychotherapie, der Persönlichkeit und der zwischenmenschlichen Beziehungen, 3. Aufl. Nachdruck 2002. GwG-Verlag, Köln
Schad, N., Michl, W. (2004): Outdoor-Training und Organisationsentwicklung zwischen Flipchart und Bergseil. Ziel, Augsburg
Seligman, M. (2015): Wie wir aufblühen. Die fünf Säulen des persönlichen Wohlbefindens. 1. Auf. Goldmann, München
Seliger, R. (2014): Positive Leadership. Die Revolution in der Führung. Schäffer-Poeschel, Stuttgart
Siegel, D.J. (2012): Mindsight. Die Wissenschaft der persönlichen Transformation. Goldmann, München
Sonntag, C. (2010): Abenteuerspiele 2. Eine Sammlung kooperativer Abenteuerspiele. Ziel, Augsburg
Tan, C.M. (2012): Search Inside Yourself. Optimiere dein Leben durch Achtsamkeit. Goldmann, München
Techniker Krankenkasse (2016): Gesundheitsreport 2016. Gesundheit zwischen Beruf und Familie. TK, Hamburg. In: www.tk.de/centaurus/servlet/contentblob/855594/Datei/84957/TK-Gesundheitsreport-2016-Zwischen-Beruf-und-Familie.pdf, 15.09.2016
Thomas, K., Habiba-Kreszmeier, A. (Hrsg.) (2007): Systemische Erlebnispädagogik. Kreativ-rituelle Prozessgestaltung in Theorie und Praxis. Ziel, Augsburg
Ulrich, R.S. (1983): Aesthetic and Affective Response to Natural Environment. In: Altman, I., Wohlwill, J.F. (Hrsg.): Behavior and the Natural Environment. Human Behavior and Environment. Band 6. Plenum, New York, 85–125
Visible Learning: www.visible-learning.org/de/glossar-hattie-begriffe/#4_Glaubwuerdigkeit_der_Lehrperson_Teacher_credibility, 15.09.2016
Waugh, C.E., Thompson, R.J., Gotlib, I.H. (2011): Flexible Emotional Responsiveness in Trait Resilience. Emotion, Vol. 11, No. 5, 1089–1067
Werner, E. (1992): Overcoming the Odds: High Risk Children from Birth to Adulthood. Cornell University Press, New York
Whitney, D., Trosten-Blomm, A., Cherney, J., Fry, R. (2004): Appreciative Team

Building. Positive Questions to Bring Out the Best of Your Team. iUniverse, Inc. New York, Lincoln, Shanghai
WHO (2004): Promoting Mental Health: Concepts, Emerging Evidence, Practice: Summary Report/A Report from the World Health Organization, Department of Mental Health and Substance Abuse in collaboration with the Victorian Health Promotion Foundation (VicHealth) and the University of Melbourne
WHO (1948): WHO Definition of Health. In: Preamble to the Constitution of the World Health Organization as adopted by the International Health Conference, New York, 19–22 June, 1946; signed on 22 July 1946 by the representatives of 61 States (Official Records of the World Health Organization, no. 2, p. 100) and entered into force on 7 April 1948. Deutsche Übersetzung. In: www.admin.ch/opc/de/classified-compilation/19460131/201405080000/0.810.1.pdf, 10.11.2016
Zägelein, W. (2013): Move for Life. Gesund durch Bewegung. Springer, Berlin
zur Bonsen, M., Maleh, C. (2012): Appreciative Inquiry (AI): Der Weg zu Spitzenleistungen. Eine Einführung für Anwender, Entscheider und Berater. 2. Aufl.. Beltz, Weinheim, Basel
Zuffellato, A., Habiba-Kreszmeier, A. (2007): Lexikon der Erlebnispädagogik. Theorie und Praxis der Erlebnispädagogik aus systemischer Sicht. Ziel, Augsburg

Sachregister